家校共育课程的实施策略

孟庆忠 著

SPM 南方传媒
广东经济出版社
·广州·

图书在版编目（CIP）数据

家校共育课程的实施策略 / 孟庆忠著．—广州：
广东经济出版社，2024．12．— ISBN 978-7-5454-9416-7
Ⅰ．G459；G78
中国国家版本馆 CIP 数据核字第 2024BX8857 号

责任编辑： 陈　晔
责任校对： 官振平
责任技编： 陆俊帆
封面设计： 林　希

家校共育课程的实施策略
JIAXIAO GONGYU KECHENG DE SHISHI CELÜE
出 版 人： 刘卫平
出版发行： 广东经济出版社（广州市水荫路 11 号 11 ～ 12 楼）
印　　刷： 珠海市国彩印刷有限公司
（珠海市金湾区红旗镇永安一路国彩工业园）

开　　本： 730 毫米 ×1020 毫米　1/16
印　　张： 11
版　　次： 2024 年 12 月第 1 版
印　　次： 2024 年 12 月第 1 次
书　　号： ISBN 978-7-5454-9416-7
字　　数： 158 千字
定　　价： 58.00 元

发行电话：（020）87393830
广东经济出版社常年法律顾问：胡志海律师
如发现印装质量问题，请与本社联系，本社负责调换。

前　言

苏联著名教育学家苏霍姆林斯基说过："没有家庭教育的学校教育和没有学校教育的家庭教育，都不可能完成培养人这样一个极其细微的任务。""教育的效果取决于学校、家庭的一致性，没有这种一致性，学校的教学和教育就像纸做的房子一样倒塌下来。"学校与家庭的关系应该是鱼水之交，琴瑟和鸣。家庭和学校任何一方都无法独立完成对孩子的优质教育和培养，孩子的健康成长和全面发展需要家校双方形成教育合力，需要有效整合家校双方各自的教育优势、资源和力量，从而共同完成育人的职责和使命。

但是，目前"家校共育"中的教师和家长的合作意识还比较淡薄，他们还没有意识到合作的重要性，教师与家长根本没有实质性地联系起来，双方只有在学生出现问题的时候才会相互交流和沟通，没有积极、主动进行沟通的意愿。有些家长的思想也存在问题，他们认为学校有责任和义务教育学生，认为只要学生进入学校，所有的教育问题都属于学校，自己根本不用关注孩子，这使得学生的家庭教育比较欠缺，"家校共育"只是流于形式，没有发挥出其应有的作用。

家校之间只有结成命运共同体、合作共同体、利益共同体，真正实现家校共育，心往一处想，劲往一处使，拧成一股绳，才能有效提高学校教育教学的质量。提高家校共育水平的途径和手段多种多样，其中，开发家校共育课程便是一条能起到良好效果的重要路径。但现时家校共育还没有形成一套较完备的课程理论体系，尤其是粤北山区农村小学的家校共育充斥着经验主义和形式主义，哪里出现问题就研究哪个问题的现状，往往造成家校双方疲惫不堪，无所适从，家校共育效果大打折扣。因此，我于 2022 年 2 月成立“粤北山区农村小学家校共育课程的研究”课题组，并于 2022 年 7 月成功申报广东省教育科研立项课题。

课题组严格按照实施方案和工作计划进行研究，理论学习、集中研讨、调查研究、课程读本及配套资源开发、实验班实验操作、家校共育活动、各阶段总结与反思、资料收集整理以及研究成果提炼等工作都在计划内有条不紊地开展，并取得了预期的效果。如实验前对学生及家长发放了调查问卷，并做了个别访谈，通过调研和分析，梳理出粤北山区农村小学家校共育现状及成因；在第一阶段实验结束后进行家校关系、家教水平和亲子关系等方面的调查研究，取得了实验前后的第一手资料，并进行了对比分析，为后续的分析研究提供了有力的支撑。课题组旨在开发出粤北山区农村小学家校共育课程读本及辅助资源，探索出粤北山区农村小学家校共育课程的实施策略。

本书分三个部分展示课题研究成果。第一部分：家校共育课程的教师策略。指导教师如何科学地与家长进行互动交流、沟通合作以及怎样对孩子实施有效的教育。第二部分：家校共育课程的家长策略。有针对性地为家长与教师合作以及科学育儿提供清晰的指引。第三部分：广东省教育科学研究项目“粤北山区农村小学家校共育课程的研究”的成果展示。全面展示课题组近一年的研究成果，可供读者学习、借鉴。

本书聚焦于教育热点话题，理论性、实践性及可操作性强。内容翔实，事例真实，通俗易懂，具有较高的欣赏性和理论研究价值。

目 录

第一部分
家校共育课程的教师策略

第二部分
家校共育课程的家长策略

第三部分

第一部分

家校共育课程的教师策略

一

教师如何在教学中实现减负提质

“双减”政策是党中央、国务院制定的大政方针，是审时度势、适应时代、顺应民心的重大举措。“双减”减的是学生过重的作业负担，提升的是学校办学质量。如何做到“减负提质”不仅仅考验着学校管理者和教师，它也是值得全体教育工作者研究的课题。

一、建立激励机制，提高学习兴趣

兴趣是最好的老师。激励，作为一种教育教学手段，特别是在激发学生学习兴趣，创造师生民主、平等、和谐的教学氛围，以及改变后进生等方面，具有突出的效果。适时、充分、恰当地对学生进行激励，往往会有事半功倍的教育效果。

（一）精神激励法

“好孩子是夸出来的。”对一般学生来说，教师的鼓励会使他们热情高涨、积极上进，可谓“点石成金”。对后进生来说，他们的闪光之处如晨露夕晖一样宝贵，抓住时机，适当鼓励，可使他们更新认识，转变学习态度。

1.评价语激励法

评价语可分为作业评价语和课堂评价语。教师给学生写作业评价语时切勿掉以轻心。教师的一句真诚的关心，或许能让一个自卑的学生振奋开朗；一个贴心的鼓励，也许会改变一个学生的命运。而若学生认真对待教师布置的作业，换来的却是教师的不屑一顾或敷衍的评价，或许学生的自信心和积极性会受到打击。那么，教师如何写学生作业的评价语才能达到事半功倍的效果呢？答案是多鼓励，巧妙指出学生的不足。比如，如果有学生字写得好看，但是错误比较多，可以先赞美其优点，“你字迹清秀，学习努力”，再指出其不足，“但是若能更加细心，你会进步得更快”，等等。语言既要有艺术性、概括性、激励性，又要简明扼要、简洁明了，不能或所有评价都千篇一律地写个“阅”字或都是“你真棒”就敷衍了事。作业评价语的形式要根据学生所在年级和班级奖励的标准而定，如一、二年级作业的评价语可以是一朵小花、一面旗帜、一张笑脸，中高年级的评价语可以是一个代表一定含义的符号、一句有针对性的话语、一个幽默的提示等。评价语可多可少，不要用字数衡量评价语的质量，要看评价语的实际效果。

教育心理学表明：正确的、公平合理的课堂教学评价，可以调动教师课堂教学的积极性，激发学生进行学习的内部动机，维持教学过程中学生适度的紧张状态，这样可以使教师和学生把注意力集中在教学任务的某些重要部分。教师的语言如钥匙般能打开学生心灵的窗户，如火炬般能照亮学生的未来，如种子般能埋在学生心里。足见教师评价语水平高低、教师表达能力强弱，直接关系到教育教学工作的成败与优劣。许多特级教师之所以能吸引学生积极主动参与课堂教学，是因为他们精彩的课堂评价语深深地打动了每一个学生的心灵，促成了心与心的交流。课堂评价语要做到准确得体、灵活丰富、巧妙机智以及独特创新。

2.目标激励法

目标是学生学习的动力和明灯，它对学生的学习起到激励的作用。目标的实现会使学生尝到成功的喜悦，增强其自信心，促进学生努力学习。要发挥目标的激励效应，就要确保每个学生都有明确的目标，还要经常让学生评估目标完成的进度和程度。

目标要切合实际。每个人要结合自己的实际制定目标，目标太高，达不到就容易使人灰心丧气；目标太低就没有动力，激发不了学习的兴趣。

目标要有针对性。要突出薄弱环节的学习提升，针对自身的不足，制定合理的目标，逐步加以提升。

长计划和短安排。在一段比较长的时间内，究竟干些什么，应当有个大致计划。例如，一个学期、一个学年应该有个长计划。但是实际学习生活变化很多，又往往无法预测，故长计划不可太具体。但下个月或下学期要做什么、解决哪几个问题，心中应该有数，而下一个星期干什么要计划得具体些，每天干什么应当更具体些，把较大的任务分配到每周、每天去完成，使长计划中的目标逐步得到实现。

要在具体完成学习任务时有明确的目的。目标要落到实处。制定的目标一定要严格执行，由教师和学生共同监督，否则就是纸上谈兵。

3.荣誉激励法

荣誉是众人或组织对个体或群体的崇高评价，是满足人们的自尊需要、激发人们奋力进取的重要手段。人人都有自我肯定、争取荣誉的需要。对于一些表现较突出的学生，可以给予必要的荣誉奖励，这是很好的精神激励。拿破仑主张对军队“不用皮鞭而用荣誉来进行管理”，结果指挥的战役常常能以少胜多。同样的道理，教师要运用荣誉激励法，满足学生的荣誉感，使他们迸发出强大的能量。

教师应善于给学生头衔和荣誉称号。每个人都有一定的荣誉感，而令人满意的头衔和荣誉称号就可以很好地激励学生、提高学生学习热情。因此，教师不要吝啬给予头衔和荣誉称号，这样的荣誉激励效果显著。可开展班干部和学科代表的评选活动，通过公平的方式进行选拔，然后给他们颁发证书或聘书。可开展优秀学生的评选。各个学科可根据学科特点设立不同的荣誉称号。如语文学科可评选写作之星、识字能手、演讲高手等，数学学科可评选学习标兵、速算达人、解题能手等，体育学科则可评选各个项目的运动达人等。另外，在学校和班级中设立荣誉墙，展示学生获得的荣誉证书和作品，从而更好地激发学生的荣誉感和学习的积极性。

（二）物质激励法

现在的学生通常不缺文具，但从教师手上获得奖品，哪怕是一支笔，他们都会感到光荣和自豪。因此，教师可以根据自己的实际情况，制定奖励机制，对达到目标的学生进行物质上的奖励，可奖励文具、书籍、玩具等。可别小看这些不太值钱的小物品，它们可起到四两拨千斤的作用。

如“荣誉券”奖励制度就是一个很好的激励机制。具体做法如下：荣誉券是最高奖项，在获得荣誉券前，学生需要完成相关的子任务，集齐一定数量的印章。这个过程就像玩游戏的闯关制度一样，学生通过一步步努力就可以获得成功。奖励项目可以多样化，如依据作业完成情况、小组合作表现、单元测试结果以及课堂表现等给予奖励，让学生感受成功的喜悦，感受团队共同努力获胜的自豪感。可以隔周评比，在班级中表扬每个阶段“集印章”最积极的同学。学生“集印章”到一定的数量后，可从教师手上换取荣誉券。每个月结束前，学生再凭这些荣誉券换取不同价值的奖品。学习动机需要被激发，通过物质激励，学生的学习内驱力可以被逐渐培养起来。

二、改革作业机制，提高作业质量

“双减”政策主要的出发点和落脚点就是减掉机械重复的作业，把学生从低效甚至是无效的作业泥潭中解救出来。“双减”政策要求教师布置的作业精简而高效，提倡减少重复性作业，增加创新性作业，使学生有更多自由思考、自由选择、自由活动的时间和空间。因此，改革现行的作业机制势在必行。

（一）强化课堂检测

课堂检测，是实施课堂优化教学的重要手段，是长期以来被许多教师认为行之有效的方法。所谓课堂检测，就是在课堂上对学生本节课所学知识进行检查测试，进一步发现并解决学生在学习后存在的问题，同时评定教学内容是否完成的过程。通过课堂检测，教师可发现学生掌握知识的情况，能力提高到何种程度，哪些学生已达到了目标，哪些学生还有待进一步提高，这样教师才能发现备课中的不足，才能及时地调整教学方法，改变教学策略，从而达到预期的教学目标。

课堂检测可采取书面检测或口头检测的形式。可在新授课前进行复习检测，也可在新授课后进行摸底检测。以英语单词举例，要想让学生在课堂上记住当天刚接触的单词，难度是很大的。不妨要求学生对当天新学的单词先有个初识过程，先会读，了解其用法，进行初步记忆，等第二天复习后再进行测验，这样就有了一个记忆的过程，单词就记得牢、记得好。

（二）实施减量提质

题海战术的危害性众所周知。它把学生当作做题的机器，使学生把大量的时间浪费在做题上，没时间进行自我总结和错误归纳，只注重知识的掌握，而忽视了答题的技巧，使学生养成不良的学习习惯，不会巧学，只求数量不求质量。“双减”政策出台后，题海战术势必销声匿迹，教学必须做到作业减量提质，减少机械重复类作业。

实施弹性化作业，给不同层次的学生安排不同的作业量。如生字词作业，先以堂听形式检查学生当天学完掌握的情况，已过关的，生字词作业就只各抄2次即可；不过关的，每个生字词都抄写一行。这样，让努力学习的学生的成就感感染更多的学生，使他们也努力学习。

实施针对性作业，做到有的放矢。对于课堂上学生已经熟练掌握的内容，课后作业就不必再进行训练；而对于多数学生未熟练掌握的知识，有必要继续进行巩固。这要求教师清楚地洞察学生思维中的盲区、误区，及时观察学生情况，通过作业进行矫正，如词句本可以进行一些针对性专项练习，每次作业布置为“过关”一种句子知识，如修改病句、缩句、扩句等。

实施作业优化设计，提高作业的质量。在教学过程中，教师不仅要重视课堂上知识的传授，更要重视作业的设计，使学生从过多、过滥的作业中解脱，使学生作业以趣味训练、体验成功、探索创新、自主选择为主，让学生在完成作业的过程中掌握知识，提升技能，培养能力，发展思维。学生的情感、意志、兴趣、习惯等在编制精巧的作业训练中得到培养，真正实现学生自主地、生动活泼地学习。

（三）实行分层作业

学习上不是人人都能整齐划一地发展，社会环境、家庭环境等诸多因素使人在学习上存在个体差异，承认差异才能使不同的人得到不同的发展，使每个学生在学习上发挥各自的才能，获得各自应该得到且能够得到的知识。教师布置作业时应对不同层次的学生提出不同的要求。作业的层次化设计可以调动学生完成作业的积极性，避免出现“好的学生吃不饱，后进学生吃不了”的局面。

新课程标准在课程目标上致力于“打好基础，促进发展”。要促进学生发展，并非要让每个学生的每个方面都统一标准。了解学生的个体差异，根据学生的差异，发展学生的个性、特长，是落实新课程标准的着力点。因此，教师在设计作业时注意照顾到各个层次的学生。可以将作业分为三类：

基础类作业。针对基础较差、学习有困难的学生而设计，作业的分量较少，难度较低，解题方法以模仿性、基础性为主，基本通过教材就可以找到答案。使学习有困难的学生通过练习获得成就感，体验学习成功的喜悦，真正减轻学困生的心理压力。

提高类作业。针对基础一般、学业中等的学生而设计，面对的是班级的大多数学生。作业内容包含与本节课知识有关的基础知识和基本技能的训练及其变式、判断比较和一般综合题等。使学生通过训练掌握本节课的知识点和相关的基本技能，完成学习目标，并通过一定量的思维训练，提高学生的学习能力。

创新探究类作业。这类作业是针对班级中学有余力的学生而设计的。以综合性、拓展性为主，尽可能包含多个知识点的综合练习。这一类作业综合面广、操作灵活、创意性强，可以拓宽学生思路和知识面，培养学生的创新能力。

（四）创新作业形式

教育心理学指出，单调乏味的学习活动容易使学生疲劳，并会使学生对学习产生厌倦心理，因此，作业设计应讲究形式多样，既要有基础知识练习，也要有拓展延伸练习；既要有书面作业，又要有口头作业或实践作业。注意激发学生学习兴趣，变“要我做”为“我要做”。

语文学科在设计作业时，可围绕教学内容，尝试设计让学生观察、动手操作、阅读、口述、表演、绘画等实践体验作业，使作业形式丰富多样，具有趣味性，从而达到更好的效果。如教学《凡卡》一课，就让学生给想象插上翅膀进行续写训练；教学《晏子使楚》一课，就让学生把课文改编成课本剧，进行角色表演，看看谁表演得更贴近人物形象。使学生用心想象和体会，在丰富的联想中加深他们对知识的理解，同时发展他们的思维能力、想象能力，在表演中发展他们的表达能力。

数学作业是由教师布置、学生自己独立或半独立完成的数学学习活动和内容。数学作业可分三类：①阅读作业，包括复习和预习教材，教师对部分学生布置的数学课外读物等；②口头和书面作业，包括回答问题、解答习题，以及教师对部分学生布置的补充习题；③实践作业，包括实地测量、制作几何模型和绘制图表等，可在课内或课外进行。如学习了“长度单位”的内容后，可设计类似测量实物的作业。譬如测量爸爸妈妈的身高或家具的尺寸等，让学生对长度单位有具体的认识。而学习了“百分数”“比”的知识后，教师可列举商场打折的例子，然后让学生进行自我实践探究，了解打几折代表的含义和计算打折前后的价钱。这样开放性的作业不仅能加深学生对数学概念的理解，还能提高知识的实用性，对学生而言更有学习动力。

三、改革课堂教学，提高授课质量

“双减”大背景下，课程设置依此贯彻执行，题海战术必然会无容身之地。那么如何做到减负不减质呢？课堂教学将成为减负提质的关键一环。只有立足课堂主阵地，深挖课堂教学的潜力，提高授课的质量，减负提质才能找到坚强的后盾。

（一）提高备课质量

备课质量的好坏决定着课堂教学的成败。集体备课是提高备课质量的重要备课形式，是促进教师互相合作和专业发展的有效形式。它可集思广益，将个人才智转化为集体优势，共同提高教学质量。

集体备课需要坚持以下几个原则：第一，“四定”，即定时间、定地点、定内容、定中心发言人；第二，“六备”，即备教材、备课标、备学生、备教法、备学法、备教学手段；第三，“四统一”，即统一教学目标、统一教学重难点、统一双基训练、统一进度。

集体备课的具体操作步骤：

第一，集体备课前：①组内准备：教研组按照教材内容将每期备课任务合理分解，落实到人，排出一学期的分工一览表，便于教师们明确自身任务，提前准备，提高备课质量。②个人准备：教师认真研究教材，形成有自己思想的第一教案——个案。

第二，集体备课中：全体组员在交流碰撞中形成有群体思想的集体教案——共案。精彩的课堂离不开集体备课价值，在凝聚个人心血的个案保障下，集体备课才有生机。

第三，集体备课后：根据集体教案分析，再次确定自己的个案——特色教案。

（二）实施精讲精练

精讲精练，应是多层次、多角度、全方位的，要改变教师讲、学生听，教师是“演员”、学生是“观众”的形式。教师应创设问题情境，采用精讲精练启发式教学，充分利用现代教育技术辅助课堂教学，鼓励学生，使其敢想、敢说、敢提问，培养学生学习的积极性、主动性、合作意识，以及敢想、善思的良好习惯，使学生变成课堂的主人，逐步形成教师是“导演”、学生是“主演”的形式，让学生去议、去辩、去讲、去评、去总结，真正发挥学生的聪明才智，最终达到全体学生全面、主动、协调发展的目的。

精讲就是课前精心设计，不光是对基础知识、基础方法进行精讲，对例题进行精讲也尤为重要。精讲中精选恰当的例题是关键，教师选取一些形式不同但方法相同的题组，教会学生透过现象看本质，举一反三、融会贯通地掌握解题方法，这样不仅能形成良好的课堂氛围，还能大大提高教学效率，使学生的主体作用得以充分发挥。教师还可以创设生动有趣的教学情境，通过学生喜闻乐见的故事、游戏、谜语、比赛等多形式的教学，让学生主动参与，真正成为学习的主人。

精练就是在精讲的基础上精选习题。精练要抓住知识主线，做到有的放矢，落到实处。习题的编排要有层次性、多样性，必须做到由浅入深、由易到难，从模仿到再造，再到创造性发展，做到环环相扣、逐步提高。既要设计一定数量的基本练习又要有一些变式练习，以利于新旧知识的衔接，拓展学生思路；也应根据不同层次学生的特点设计不同层次的练习，以利于因材施教。精练要求教师进行习题教学时，在练习量上加以控制，在习题质上加以提升，既要做到真正减轻学生负担，又要达到练习的目的，让学生掌握相应的知识。

（三）落实自主合作

新课程标准要求打破长期以教师为中心，教师讲、学生听的课堂，构建以培养和发展学生主体性为主要目标的课堂。强调尊重学生主体地位和主体人格，让学生从课堂参与中学会学习、学会合作、学会创新，从发现中寻找快乐，从解决问题中增强信心，从不断体验中获得新知。新课程标准倡导的学习是教师指导下的以学生为中心的学习，在整个教学过程中，教师发挥组织者、指导者、帮助者和促进者的作用，利用情境、协作、会话等学习环境要素充分调动学生的主动性、积极性和创造性，最终达到使学生高效掌握知识、迅速增长能力、提高综合素质的目的。

自主合作学习把课堂还给学生，每个学生都有展示自己的机会，学生可以进行补充交流，有不懂的问题可以提出，无论是优秀学生还是学困生，都有平等的机会。这样提高了学生的积极性，每个学生都愿意参与学习，减少了课堂时间的浪费，提高了学生学习效率。

自主合作能促进学生学习上互相帮助，共同提高，能增进学生之间感情交流，改进人际关系，能使师生在互动过程中相互砥砺，取长补短，达到和谐中进取的境界。教师关注每一个学生，每一个学生都得到应有的尊重。在这样的氛围里，师生、生生关系融洽和谐，和谐的氛围更是学生专心学习的有利条件。

自主学习是小组合作学习的前提。没有这个前提，合作学习、交流研讨就是空的、无效的。许多课堂上的沉默不语、问题质量不高、师生或生生之间不能共同研讨话题的现象，都与此有关。一般学生课前的先学，要求自行解决基础知识、基本技能相关60%左右的问题，剩下复杂的、思维层次较高的问题，才是小组合作学习要解决的重点。有合作学习价值的问题才值得进行合作学习。错误的做法是不管提什么样的问题，都让学生交流讨论，即使有些问题在课本中能直接找到现成的答案，也让学生讨论，这使小组合作学习成了一种口头语，这种合作是无效的。凡是要求进行合作学习的问题，一定是学生通过自学或个人思考不能解决的问题或是不能全面、完整地得出答案的问题，以及需要发挥小组力量进行讨论、完善的问题，这样的问题才有合作学习的价值。

抓好学习小组的建设，每个人都必须对小组有所贡献，每个人都必须有看得见的行为表现。为此，在学科教学中应建立一套完整制度，激励组员将个人的进步同小组的进步捆绑在一起。开展小组合作学习竞赛活动，定期或不定期进行评优，激发学生合作积极性，通过小组的竞争促进个人的进步，通过个人的进步保证小组的竞争力，逐步将合作学习的精神内化为学生的学习品质。

（四）用好信息技术

信息技术在课堂教学中有举足轻重的作用，它可以变抽象为形象，将自然界中不容易观察到的事物呈现在学生面前，让学生变被动为主动，大大提高学生的学习积极性。随着社会的不断进步，它已成为教师的左右手，不可或缺。教材只能展现书本知识，而信息技术可以利用文字、影像、多媒体课件和主题学习网站等多种形式将知识展现给学生，将文、声、图、像集于一体，使教学知识的来源更加丰富，内容更加充实、更加形象生动，能极大地激发学生的学习兴趣。信息技术在给学生创造一个宽松、充满创造力的学习环境的同时，还能够有效地拓宽学生的学习范围，使得学生的学习视野更加开阔，极大地丰富学生的知识储备，避免传统教学模式带来的学习知识面窄、思维不够开阔等弊端。

运用信息技术，可以激发学生兴趣。所谓“知之者不如好之者，好之者不如乐之者”。学生对所学内容感兴趣，就会乐于接受，学习积极性就会明显提高。在教学中，运用现代信息技术能在教学过程中呈现出情景交融、形声并茂、生动活泼的画面，不仅可以为学生提供教学内容的感知材料，培养学生的观察能力，还可以使学习中的疑难之处再现情境，启发学生对表象进行分析、综合、概括，使其思维向深层发展，给课堂注入新的活力，激发学生的兴趣。尤其是对于好奇心强的低年级学生来说，直观演示的画面，更能激发他们的兴趣，使他们注意力集中。

运用信息技术，可以拓宽学生知识面。在课堂教学过程中，教师掌握的知识毕竟是有限的，可以传输给学生的知识也仅仅是其中的一部分。如果可以在实际的教学过程中应用现代信息技术，充分借助互联网中的教学资源，依靠网络媒体等一些强大的信息库对教材中的内容予以拓展分析，便可以更好地提升课堂教学效率。

运用信息技术，可以使教学内容更直观、更易理解。在课堂教学中，有些比较难理解的知识或是学生很少见到的事物，只用语言进行描述很难使学生理解，如果学生观看形象生动的动画，就能很容易明白。动画展示过程可以变静态为动态、变抽象为形象、变虚为实，使许多枯燥无味的知识及难以用语言表达的、单纯讲解很难唤起学生想象的知识具体化。显然，将形象直观的动画摆在学生面前，大大降低了教学难度，缩短了学生理解知识的时间，提高了课堂教学效率。

四、加强家校合作，提高家教质量

教育工作者常常发出这样的感慨——学校辛辛苦苦教育一周，难以抵挡家庭消极教育一天。问题的关键在于有不少家庭的教育方法不合适，甚至减弱了学校教育的效果，要解决这个问题，必须要加强家校合作，主动对家庭教育进行指导。尤其是“双减”背景下，提高家校合作质量，是提升办学质量的重要途径。

（一）发挥家委会职能

家长委员会（简称家委会）是家校之间进行有效沟通的桥梁，同时也是学校教育教学工作顺利开展的有效保障，千家万户对学校工作的建议、意见，可以由家委会向学校反馈；学校教育教学改革的措施，可以由家委会协助向家长说明；家庭教育中倾向性的思想偏差和行为失当，家委会有责任纠正；学生校外活动需要的教育资源和志愿服务，家委会有义务协调……其工作内容具体，专业性较强；工作对象面广量大、个性各异。只有得力的组织机构才能做好这项工作，学校要认真筹划其组织建设，依民主程序，遵“三公”（公开、公平、公正）原则，选出有广泛代表性和较高知识层次的家长，组成家委会，特别要选一个组织协调能力强，热心，了解、支持教育的牵头人。

学校要和家委会成员建立广泛的联系，通过访问、信件、电话、微信等有效地进行沟通，以征求家长对教育教学工作的意见或建议，并对这些意见或建议进行及时的处理和反馈。而且，也可以利用现代信息技术的优势，建立家长联系群或者其他形式的网络空间，聘请家委会成员担任群主或版主，组织家长对学校及班级事务进行有针对性的讨论或点评。

在处理家校之间、师生之间、生生之间的利益冲突或矛盾冲突时，要及时将情况通报家委会，并充分听取他们的意见，必要时，也可以请他们参与其中，对当事各方进行说服教育、对事件的前因后果进行充分解释、对当事人之间的矛盾进行有效化解。其介于教师和家长之间，而且对学校、学生、家长等各方面的情况掌握得比较充分，因此既最大限度保证了立场的公正正义，同时也更利于有针对性地提出问题的解决方案。再者，由于具有身份优势，他们提出的方案更易于为当事各方所接受。

（二）争取家长配合

家庭是一所学校，家长是孩子的第一位老师，家庭对孩子的影响是广泛、深远而持久的，因此，学校教育工作必须争取家长的配合，教师要真诚地与家长沟通交流，结成一种合作伙伴关系，共同教育学生。只有当学校教育和家庭教育形成了合力，教育才会有事半功倍的效果。加强家校合作，提高合力育人的水平，应该是每一个教育工作者的不懈追求。

教师要主动向家长了解学生在校外的表现，介绍学生在校内的表现，介绍学校的教育计划和对学生的要求，向他们宣传教育的意义以及正确的教育思想和方法，交流教育经验，共同探索教育学生的方法、措施，提高思想教育的可实施性。在与家长取得联系、向家长反映学生情况时，要注意自己的言行。不仅要尊重家长，秉持和家长共同研究、探索的态度，还要向家长反映真实情况。反映情况不是告状，要语气委婉、方法得当，既反映学生的缺点又反映其优点，既不能伤害学生的自尊心又能起到促进其发展的作用。

此外，教师还应重视家访工作。家访工作不仅要讲究方法与技巧，还应持之以恒，全面铺开。教育是长期的、持久的，因此，对学生的思想教育也应是长期的、持久的。家访在学生的思想道德教育中占据非常重要的位置，所以家访应该要长期持久进行、随时进行。另外，家访也应全面铺开，不管是对思想道德水平较高的学生还是对思想道德水平有待提升的学生，都要进行定期或不定期的家访，但哪些学生是重点家访对象，哪些只用点到为止，要做到心中有数。

（三）举办家长课堂

学校可通过举办家长课堂，向家长灌输一些现代教育和素质教育的观点，全面指导家庭教育。学校定期邀请专家或教师给家长们上课，根据学生的心理发展特点，对不同年龄阶段学生的家长有针对性地开展与学生心理健康辅导相关的讲座，针对如何树立孩子的自信心、如何挖掘孩子的潜能、如何培养孩子良好的思想品德等问题进行专门解答。家长课堂的内容主要有：①指导家长“信任孩子”。孩子是新生力量，相信孩子，就是相信自己。每一个家长，都应该对孩子有充分的信心。②指导家长“赏识孩子”。孩子是培养教育的对象，不要把孩子当宠物，不要剥夺孩子的权利。赏识孩子所作的一切努力，赏识孩子取得的点滴进步，甚至要学会赏识孩子的失败，让孩子感受到家长永远是他们的后盾。③指导家长“关心孩子”。孩子在成长中既需要良好的物质生活条件，也需要关注的目光、倾诉的对象。家长既不可“重智轻德”，也不可“重物质，轻精神”。

正所谓“八仙过海，各显神通”。“双减”背景下实施校内减负提质的办法和途径可谓不胜枚举，本文只是起到一个抛砖引玉的作用，希望能给广大教育工作者带来一点启示。

二

教师要敢于接受挑战

有些班级，会有几个非常难管理的学生，这些学生往往搞得教师手忙脚乱。他们不但学习成绩不理想，而且更重要的是任何事情都要与老师对着干。你教育学生不能乱扔垃圾，要讲卫生清洁，他偏偏是一个“垃圾大王”；你教育学生上课不要窃窃私语，要遵守课堂纪律，他偏偏是一个“话唠”；你教育学生要讲文明礼貌，要文明用语，他偏偏“出口成脏”；你教育学生要团结友爱，要互相尊重，他偏偏是一个“打架大王”。对于“垃圾大王”“话唠”“出口成脏”，以及一天一小打、两天一大打、三天混合打的“打架大王”，教师常常难以忍受，可又感到无能为力。因为这些学生的心油盐不进、风雨不侵。无论你是春风化雨般地苦口婆心，还是疾风暴雨般地拍案而起，甚至是动用了“撒手锏”——见家长，他们都不长记性。当面信誓旦旦，转头便照样我行我素，“涛声依旧”。教师往往对此感到焦头烂额，筋疲力尽。每个教师都把“复杂班”看成一个烫手的山芋，若接手它则唉声叹气，忧心忡忡，陡然感到身上压着一座大山，有的甚至夜不能寐，暗暗垂泪到天明。更有甚者，如有些临聘老师还打起了退堂鼓，直接“卷起包袱”一走了之。

其实，接手众人眼中的“复杂班”的确要比接手“好班”付出更多的精力、心血和汗水，但因为接手“复杂班”而失眠、焦虑、哭泣，甚至辞职走人，其实没有必要，因为他们毕竟还是十岁左右的孩子。别看现在的孩子长得人高马大的，但他们的心灵还是很天真、很纯洁的，他们的可塑性还是很强的。孩童是一朵朵含苞未放的花蕾，他们等待着雨露浇灌，阳光照耀，精心呵护，细细打磨，终有一天他们会绽放成五彩的花朵。

我们教育的对象是人，不是工厂流水线上的产品。产品是没有生命的，每个都大同小异；人是活的，每个人都各不相同。我们不可能要求每个学生都像产品一样，整齐划一，步调一致。每个学生都是一个独立的个体，他们有不同的家庭背景，每个人的性格也各不相同，每个人在学校的表现也千差万别。是人就会犯错误，尤其是学生，教师要允许学生犯错误。当学生犯错误的时候，教师不要轻易地给他们贴上标签，而应该用发展的眼光看待他们，找出有针对性的教育措施，因材施教。记住：教育是一棵树摇动另一棵树，一片云推动另一片云，一个灵魂唤醒另一个灵魂。

许多“老教师”都会有这样的感受，若干年后，那些在外面见了自己就热情地打招呼的学生往往是当年众人眼中的“后进生”；而那些所谓众人眼中的“好孩子”，则有可能对老师视而不见。另外，那些当年的“后进生”长大后还不是同“好孩子”一样遵纪守法、安守本分、成家立业。

因此，教师接手所谓的“复杂班”的时候，不妨换一个角度想想：他们毕竟还是一群孩子，可以把这看作是对自己班级管理能力和水平的一次挑战，相信孙悟空无论如何都是逃不出如来佛的掌心的。具有挑战性的生活，才不会是一潭死水。好教师的生活会因为“后进生”的存在而变得更加精彩和有意义。

三

教师要开展“兵教兵”活动

随着“双减”政策的出台，如何做到减负不减质，成为一线教育工作者关心和热议的话题。许多老师做了有益的尝试，有些精心备课，努力提高课堂教学质量；有些精心设计作业，努力做到精讲精练；有些加强与家长的联系，努力提高家庭教育效果。这些方法都达到了不错的效果，此外，“兵教兵”也不失为“双减”政策背景下提高学生成绩的一种有效途径。

一、科学分组

“兵教兵”和传统的小组合作学习有较大的区别。小组合作学习按“组内异质、组间同质”的原则，根据性别比例、兴趣倾向、学习水准、交往技能、守纪情况等对全班学生进行合理搭配，小组成员一般为4~6人。根据每个人的特长进行不同的分工：善于组织活动的学生为组长，善于记录的学生为记录员，善于表达的学生为中心发言人。为了让每一名学生都得到锻炼，可定期轮换主发言人，使每人都有发言的机会，在主发言人发言完毕之后，如有遗漏，中心发言人可以补充。而“兵教兵”则简单方便多了，它按照“优等兵”（优等生）与“后进兵”（后进生）搭配的原则将全班学生划分为多个2人小组。“优等兵”充当师傅，“后进兵”充当学徒。“优等兵”具有较大的话语权，“后进兵”服从指挥，听从教导。当然，在划分2人小组时，不能简单地按成绩好坏进行划分，还需要综合考虑学生的性格、性别、气质、兴趣等方面。

二、分配任务

划分好2人小组后，不能放任学习小组自由开展学习活动，教师必须为每个小组分配明确的学习任务。具体任务如下：

1.检查背诵

背诵是语文学习的一种重要手段。语文课本中有很多内容需要学生背诵，如果单纯靠教师检查督促，可能顾此失彼。如果将此任务发放给2人学习小组，由“优等兵”督促“后进兵”背诵，就能有效减少教师分身乏术的现象。正所谓“县官不如现管”，“后进兵”在“优等兵”的“围追堵截”下，失去了偷懒的空间，最终只能完成任务。

2.检查听写

识字是语文学习的重要组成部分，而听写是检查学生识字效果的重要方法。集体听写有可能会出现学生作弊，鱼目混珠的情况，同时教师也没有太多的精力给听写不过关的学生补漏。如果把听写任务发放给2人小组，让“优等兵”对“后进兵”进行听写检查，“后进兵”就会无处遁形。正所谓“船小好掉头”，一次不过关，可以很快进行复检，直到过关为止。

3.检查作业

现行的班级一般有学生近50人。教师面对这么庞大的学习群体，往往心有余而力不足。有些“后进兵”看穿了教师的弱点，经常趁教师检查不到位而使出弄虚作假、滥竽充数的手段，有时候偷工减料，有时候浑水摸鱼。如果采取2人小组模式，让“优等兵”检查“后进兵”的作业，一对一当面检查，铁证如山，“后进兵”便再也不能使出投机取巧的手段了。

4.知识问答

课堂提问是督促学生学习的一种有效手段。但如果仅靠课堂上的时间来提问，提问涉及的学生面和知识面就非常狭窄了，会让那些不爱学习的“后进兵”感受不到来自教师的约束。如果采用2人小组模式进行知识问答，让“优等兵”拿着课本和练习册对“后进兵”进行提问，那么每个“后进兵”都逃脱不了被提问的命运，这样就会促使“后进兵”主动掌握教学的知识点。

三、强化激励

当然，“兵教兵”是一种提高学生学习成绩的好办法，但要顺利落实“兵教兵”措施，关键还是要调动他们的积极性。只有调动起他们互教互学的积极性，“兵教兵”才不会流于形式。

1.目标激励法

为每个学生设定一个目标分数，等于给学生确定一个前进的方向。学生每次测验或考试达到目标分数，教师就给予学生一定的奖励，如可以颁发奖状、奖品。通过目标激励法，提高学生学习的动力。

2.进步激励法

专门为“后进兵”度身定做一套奖励办法，为“后进兵”设定一个最低分数，每次测验或考试超过这个分数，则对2人学习小组进行奖励，同样可以是颁发奖状、奖品。由于“后进兵”成绩的好坏与“优等兵”是否能够拿奖紧密相关，所以，此法会有效提高“优等兵”帮助“后进兵”的积极性，从而达到共同进步的目的。

“双减”政策背景下，提高学生的学习成绩的方法数不胜数，我们还需要不断地实践探索。

四

教师要学会因材施教

孔子曰："中人以上，可以语上也；中人以下，不可以语上也。"在长期的教育实践中，孔子曾多次提到人与人之间是有差别的。他认为，具有中等以上才智的人，就可以给他们讲授高深的学问，但是，具有中等以下才智的人，就不能给他们讲授高深的学问了。孔子分别授予具有不同资质的弟子们不同层次和不同方面学问的做法，即便是到了现在，在教育上依然有着重要的意义。

孔子的这种思想，在教育学上叫作因材施教。其完整的内涵是根据学生不同的认知水平、学习能力以及各自的特点，进行有针对性的教学，将学生的长处充分挖掘，尽量弥补学生在其他方面的不足，激发学生学习的兴趣，从而促进学生的全面发展。

正所谓"十个手指有长短，出水荷花有高低"，人与人之间存在差距是不容置疑的客观事实。但在现行的教育评价体系中，文化课考试分数，尤其是平均分，是考核、评价教师教学能力的重要指标，在巨大的考试压力下，许多教师迫不得已违背了因材施教的原则。在课堂上，教师要求每一个学生都朝着整齐划一的教学目标前进。有些天赋高、能力强、悟性好的学生自然轻而易举地跑到终点，这些便是优等生；有些学生虽然跑得很吃力，但在老师、同学的帮助下，最后还是能到达终点，这些便是中等生；可总会有些学生由于先天不足，无论自身怎样努力，老师、同学如何帮助，他们最终也难以到达终点，这些便是后进生。本来后进生是不适宜过分拔高学习目标，不是非要到达终点不可的。可在实际教学中，为了不让后进生拉低全班平均分，有些教师明知是赶鸭子上架，却偏偏要强人所难，罔顾学生的个体差异，对后进生展开“围追堵截”。结果，造成师生关系剑拔弩张的双输局面。学生学得精疲力竭，叫苦连天；老师教得呕心沥血，却颗粒无收。当然，我们不是主张对后进生放任自流，任其自生自灭，而是必须要做到量力而行，适可而止。

当今社会，由于存在高学历往往与高收入画等号的观念，加之望子成龙、望女成凤乃人之常情，所以，家长们都希望自己的子女考上名校，将来有一份体面的工作。有些家长明知自己的孩子天生不擅长读书，但总是认为只要肯花钱、肯努力，孩子便可以考上理想的大学，于是，从各方面给孩子施加压力，谁知最终这只能是一厢情愿，既浪费了大量的金钱和时间，又耽误了孩子的前程。

古语云：“天生我材必有用。”上帝在关闭一道门的同时，也会打开另一扇窗。有些学生文化课不行，但却在体育、音乐或美术等方面有天赋和兴趣，不妨让他们自由选择，发挥特长。有些学生天生不擅长考试，但动手能力却相当强，不妨顺其自然，让其学有所长。国家现在推行“中考分流”政策，将来肯定会大力提高职业教育质量，让许多不擅长读书和考试的学生也能学到一技之长，在社会上找到自己立足的位置。“中考分流”正是顺应人的差异化实施的针对性教育措施，家长也要转变成才观念，适应时代的发展。

希望教育的花园既要有参天大树成长的空间，又要有花花草草生长的土壤；教育的大厦既要有高耸入云的擎天柱，又要有默默无闻的奠基石。这样的社会才会多姿多彩，百花齐放，万紫千红。

因材施教便是理想的教育。

五

教师要学会当一名合格的教育工作者

韩愈的《马说》和《师说》两篇文章对教师观进行了充分的论述，可谓为师者的职业指南。百年大计，教育为本；教育大计，教师为本。在国家越来越重视教育的今天，如何成为一名合格的教师，穿过历史的长河，我们仍能够从韩愈身上找到清晰、标准的答案。

一、具有伯乐眼光

韩愈的《马说》通篇用了托物寓意的写法，以千里马难遇伯乐，比喻贤才难遇明主。教师可以从韩愈的《马说》中受到深刻启示：教师必须具有伯乐眼光，才不至于埋没学生的才能。

那么，教师如何当好一名伯乐呢？一方面必须具有欣赏的眼光。所谓“金无足赤，人无完人”，每个学生都会有优缺点，不可能十全十美。教师要带着放大镜寻找学生的优点，要以大海般的胸怀包容学生的缺点，千万不要以偏概全。要学会赏识学生，发掘他们的闪光点。另一方面要善于因材施教。每个学生都是具有独特色彩的人，学生之间亦有差距，教师不能一成不变，用千篇一律的教法教育学生，用同样的标尺衡量学生，而应该做到因人定教，因势利导。

二、具有专业素养

韩愈在《师说》中指出："闻道有先后，术业有专攻。"教师作为人类文化的继承人和传播者，作为学生学习、成长路上的引路人，必须要有较高的专业素养。

教师要有如下专业知识素养：①广博的科学文化知识。教师应具有丰富的人文科学知识、社会科学知识、自然科学知识和生活知识。②精深的专业知识。教师要掌握所教学科扎实可靠的专业知识、理论体系以及相应的技能、技巧；熟悉所教学科历史、现状、发展趋势；理解其社会价值和人性陶冶的价值；对讲授的重点、难点心中有数；论证有力，举例精当。同时，要熟悉所教学科与其他邻近学科知识的横向联系，能够触类旁通。③丰富的教育科学知识、心理科学知识和管理科学知识。教师要具备的专业能力素养包括：驾驭教材和组织教学的能力，精湛的语言表达能力，熟练运用现代教育技术手段的能力，较强的组织管理能力，较强的教育科研能力，等等。

三、具有责任意识

韩愈在《师说》中开篇即道出教师的职责："师者，所以传道受业解惑也。"教师必须牢牢树立责任意识，从以下三方面履行自己肩负的神圣使命。

教师的职责首先是育人，先成人，后成才。通过学科教学、日常谈话，引导学生掌握为人处世的道理。另外，身教重于言传，教师必须要以身作则，身体力行，做学生的表率和榜样。其次是做好授业工作。教师要精心备课，精心上课，精心批改作业，精心辅导学生，做到不轻易放弃任何一个学生。最后是为学生答疑解惑。当学生思想上碰到迈不过的坎时，教师要成为人师，找准打开学生心锁的钥匙；当学生在学业上碰到困难时，教师要成为智师，为学生搭建通向知识彼岸的桥梁。

四、具有学习习惯

人们常说：给学生一碗水，教师必须有一桶水。其实，教师不但要有一桶水，而且水必须是源头活水。韩愈在《师说》中指出："人非生而知之者，孰能无惑？惑而不从师，其为惑也，终不解矣……是故无贵无贱，无长无少，道之所存，师之所存也。"因此，教师必须做到虚心好学、终身学习。

一是向同伴学习。正所谓"近水楼台先得月"。同伴互学具有先天优势，更接地气，可操作性更强，更便于交流切磋、活学活用。二是向专家学习。教育教学专家具有先进的理念，独特的视野，专业的知识，聆听他们的讲座，和他们面对面交流，邀请他们深入课堂"诊断把脉"，能对教师专业成长起到立竿见影的效果。三是向书本学习。研读教育教学专著，结合实际深入思考，撰写读书报告，有助于教师吐故纳新，醒脑提神。畅读文学、科技、历史、人文等各类书籍，有助于教师丰富知识储备，开阔视野，方便教师在教育教学中旁征博引，信手拈来。

韩愈的教师观是经得起时间和实践检验的真理，像钻石般历久弥新，永放光芒。它完全可以作为现代教师的座右铭和金科玉律。

六

教师要用好红色资源，培育学生“三爱”情怀

中国共产党的百年历史是一部为中国人民谋幸福、为中华民族谋复兴的奋斗史。百年征程，留下了许多珍贵的红色资源。这些红色资源种类繁多，形式多样，内涵丰富，弥足珍贵。历史是最好的教科书。用好红色资源，讲好红色故事，对培育学生爱党爱国爱民情怀，有十分深远的意义。

一、讲好红色故事

党的百年奋斗史留下了许多可歌可泣、扣人心弦的感人故事。这些红色故事虽与时代渐行渐远，但其蕴藏的精神价值和内涵永不过时，反而会历久弥新，愈发光亮。小学生天生对故事有强烈的好奇心和浓厚的兴趣。可以说，小学生的精神发育与好故事的引导息息相关。因此，讲好红色故事可以补足小学生精神之钙，帮助小学生建设强大的精神家园。

为了讲好红色故事，我校搭建了四个讲述红色故事的舞台。

其一，国旗下演讲。每个星期一，集中全校学生举行隆重的升国旗仪

式。抓住升完国旗，学生爱国热情高涨的契机，安排大队辅导员或大队委员讲述红色故事。讲述人将故事娓娓道来，让学生重温革命英雄的光辉事迹，从而激发其爱党爱国爱民情怀。

其二，红领巾广播站。每天中午，少先队大队部会利用校园广播，安排小主持人讲述或播放红色故事，营造学生随时随地都能听红色故事的氛围，实施红色文化浸润工程，达到春风化雨、润物无声的效果。

其三，主题班会。每周的团队课，学校都要求各班主任开展主题教育，讲好红色故事。班主任除口述红色故事外，还可充分利用现代化多媒体设备，播放红色故事的音频和视频，用声情并茂、直观生动的画面激起学生学习红色文化的热情。

其四，讲故事大赛。每学期，学校都要举行红色故事演讲比赛。各班先通过初赛选拔参赛选手，然后由参赛选手参加全校的总决赛。通过高水平的赛事，向学生心田撒播爱党、爱国、爱民的种子。

二、用好红色文物

红色文物是党百年奋斗历史的有力见证。每件文物都记载着一段让人难以忘怀、荡气回肠的历史。用好红色文物，可以启迪、教育学生不忘过去，珍惜如今来之不易的好生活，努力学习，报效党、祖国和人民。

红色文物以直观的形象展示在学生面前，更能激发学生探寻其背后的故事、深挖其包含的精神内核的兴趣，所以，学校每学年都要举办红色文物图片展，成立图片展工作小组。小组成员首先一边通过互联网收集红色文物图片资料，一边参观红色文物展览基地，拍摄实物图片；然后把收集到的红色文物图片资料进行分门别类，接着交由广告公司进行设计打印；最后把图片布置在一个室场内进行开放式展览。各班主任组织学生参观图片展，边参观边阅读图片说明，同时听取解说员的讲解，给学生营造身临其境的震撼感。

单纯的图片展览，远远不能满足学生的好奇心和求知欲，学生会感到意犹未尽，往往想一睹实物为快。有许多普通红色文物散落在民间，保存在私人手上，学校充分挖掘家长资源，调动家长参与教育的积极性，让保有红色文物的家长带着实物走进课堂，亲口讲述红色文物背后的感人故事，把学生带进艰苦奋斗、战火纷飞的年代。

三、参观红色景点

党的百年奋斗征程，活动轨迹遍布大江南北，留下了许多弥足珍贵、具有纪念和教育意义的红色景点。许多红色景点成为爱国主义教育基地，对学生思想品德提高、家国情怀塑造起到十分重要的作用。组织学生参观红色景点，切身体会革命先辈的英勇无畏精神，能够对学生的灵魂起到全面升华的作用。

学校每年清明节都组织学生到学校附近的烈士陵园开展祭扫活动，通过敬献花圈、主题讲话、敬礼宣誓、清污除草等，缅怀革命英烈的丰功伟绩，学习他们为党为国为民的无私奉献精神。

另外，学校附近还有几处红色教育基地，如故乡里实践基地、马头山革命基地等。这些红色景点存有大量的古旧建筑物、革命斗争工具，因此，学校每学年都组织学生参观这些红色基地，充分发挥红色景点的育人功能。

学校还向学生家长灌输带孩子走出去看看的育人思想。每学期放假前，学校都会通过微信、钉钉等通信软件向学生家长布置带孩子参观红色景点的作业，如参观毛泽东等伟人的故居、井冈山等革命根据地。通过耳闻目睹、亲赴现场的参观体验活动，让学生设身处地感悟那段艰难困苦、玉汝于成的峥嵘岁月，从而荡涤心灵，培育灵魂。

总之，红色资源是一笔宝贵的财富，要充分发挥其育人功能，以史为鉴，以史为师，培育具有爱党、爱国、爱民情怀的学生。

七

教师要学会关注后进生

六月的盛夏，太阳忽然变得“狂躁”起来。下午三时，校园被“烧”成了一片火海。花草树木在烈焰下变得垂头丧气，知了在树上有气无力地叫着，孩子们都躲在教室里避暑，校园里弥漫着昏昏欲睡的气息。

快要上课了，我依依不舍地走出了有空调“保驾护航”的办公室。刚到二楼拐角处，一个低着头、双手捂着脸的小女孩匆匆从后面跟了上来。我有点奇怪：“咦，这不是我的学生成萍（化名）吗？是来帮我拿教具的吧，这热心肠的小家伙。（她经常主动到办公室帮我拿教具）可为什么她要用双手捂着眼睛？”

于是，我伸出右手，轻轻地抓住了她的手臂，问道：“成萍，你来这里干吗？帮我拿教具吗？”

这小家伙每次见了我嘴巴都甜得像蜜糖，可这次却一反常态。只见她一言不发，一下子把背部紧贴墙根，屈腿弯腰，双手抱头放声大哭起来。我感到很愕然：“这小家伙一向阳光开朗，怎么现在像遭受了天大的委屈。”

我弯下腰，拍拍她的小脑袋问：“谁欺负你了？说给老师听听。”小家伙像没听见似的，紧紧地把身子蜷缩成一团，哭得更厉害了。

我稍微用力拉开了她抱着头的双手，把她扶了起来。看见小家伙的脸上布满了泪珠，连耳边的短发也被打湿了。我开玩笑地问道："谁吃了豹子胆了，敢欺负我们的'小公主'？说来听听，我替你主持'公道'。"

小家伙摇了摇头，还是一言不发，泪水依旧像决堤的洪水般汹涌而出。我继续追问道："做错事，被班主任批评了吗？"她还是摇头。我一连问了好几个问题，可她的嘴巴始终像上了封条一样，怎么也蹦不出一个字来，她只是把头摇得像拨浪鼓一样以及不停地哭泣。一时问不出结果，上课的铃声也响了，我于是安慰道："你先回去上课，有什么委屈的事，下课再告诉我，好吗？"听了我的话，她像得了"特赦令"似的，一边哭一边向教室跑去。

下课了，我全身湿漉漉地回到了办公室。刚想打电话给成萍的班主任了解情况，教导处的肖校长走了进来。我们聊了几句轻松的玩笑后，肖校长忽然问了我一个奇怪的问题："孟校长，你教三（7）班？"

"是啊，有什么事呢？"我觉得有点意外。

肖校长继续问："成萍是你的学生？"

我疑惑了，问道："是啊，你认识她？"

"刚才她到我办公室'偷'东西，被我抓到了，她自己承认的。"肖校长回答道。

"什么？她到你办公室'偷'东西？"我震惊了，"怪不得刚才她不肯说一句话，原来是犯大错了。"

"你是怎么发现的？她'偷'什么东西了？"我连忙追问道。

肖校长说："我可能发现得早，她什么也没'偷'到。不过很奇怪，我问她想'偷'什么，她说只是想'偷'一张奖状。"

"什么？'偷'奖状？"我疑惑道。

接着，肖校长把事情的来龙去脉讲了一遍。原来，刚一下课，小家伙就迅速跑到教导处，趁着办公室空无一人的机会，偷偷溜了进去。可没想到刚准备下手，肖校长就碰巧从课室回来了。在走投无路之际，她只好悄悄地躲进肖校长办公桌中间的空隙，结果被肖校长发现了。在自己的办公室发现一个“小偷”，肖校长当时也感到很吃惊，一番询问下，才知道她是三（7）班的成萍，来这里只不过是想“偷”一张奖状。理由就是从一年级到三年级，她还从没获得过一张奖状，她想“偷”一张回去，好让父母高兴高兴。

肖校长凝视着我问：“孟校长，你相信她说的话吗？”

我回答道：“这小家伙平时除了嘴巴厉害点外，也挺循规蹈矩的，应该没撒谎。”肖校长点了点头。

顿了一下，我继续说道：“我觉得她说的也不是完全没有道理，最近你们教导处开展了那么多学科兴趣活动，办公室里堆满了奖状，正准备对成绩优异的学生进行大张旗鼓的表彰。这小家伙成绩一般，想拿奖状很难，说不定虚荣心驱使了她铤而走险呢。”

肖校长沉思了一会，说：“我也觉得有点道理，我们都是奖励成绩优秀的学生，的确冷落了很大一部分人，其实他们更需要鼓励。”“或许是吧……”我若有所思地点了点头……

成萍的一番话非常值得我们深思。难道不是吗？在以“分数”为唯一标尺，把学生分为优、差等级的评价体系里，我们把高分的学生捧上了天，集万千宠爱于其一身，给了他们无数的赞美、荣誉和奖励；而对于那些成绩不够好的学生，我们对他们的关注的确不够。我们忽视了一点——他们也是需要我们用心呵护的弱小的“花朵”！

八

教师要学会赏识学生

“老师，周杰（化名）从一年级到四年级都特别调皮捣蛋，每个老师都对他束手无策，没想到却被您‘感化’了，您真行！”科代表的话让我像喝了蜜糖似的，幸福感如同春潮般涌向心窝。

周杰是典型的“双差生”——学习差，纪律差。多年的教育经验告诉我：这种学生对传统的批评教育已经具有相当程度的“抗药性”。美国心理学家威廉·詹姆斯说过：“人类本质中最殷切的需求是渴望被肯定。”而赏识则是对孩子最好的肯定，是调动学生学习积极性、培养学生学习兴趣的最佳途径。于是，我开始用“放大镜”努力寻找他的闪光点。

今天上午第二节课举行童话故事会，要求学生们讲演自编或课外阅读的童话故事。周杰照例又是我行我素——睡觉、捣乱。下课后，我在讲台上批改作业，周杰悄悄地来到我身边，轻轻地说：“老师，我也会编童话故事！”我边改作业边说：“说来听听。”周杰就断断续续地讲了起来。他讲了一个小朋友不听爸爸的劝告，结果被海里的虾、蟹吃掉了手指的故事。虽然其中夹杂着许多口语、语病，甚至还有些脏话，但当我指出不能说脏话，故事主题要健康时，他居然很认真地听进去了，甚至还立即进行了改编。我马上感觉到机会终于来了。

我问他：“敢在同学面前讲吗？”“行！”他自信地回答道。上课铃一响，当我告诉同学们周杰要讲故事时，同学们都不肯相信。于是，我鼓动道：“让我们以热烈的掌声欢迎周杰给我们讲故事！”在大家如潮的掌声中，周杰登上了讲台。由于准备不足，吞吞吐吐讲了几句后就“断流”了，他急得抓耳挠腮，脸红耳赤，有些和他关系不和的同学也开始趁机鼓噪，一副幸灾乐祸的样子。

眼看功亏一篑，我灵机一动：“周杰，你可以先把故事写出来，然后再讲。”“老师，我不会写。”他有点为难地说。我知道写作文对于每天在睡觉、捣蛋中度日的学生来说确实是赶鸭子上架——强人所难。这时我又灵机一动，对着同学们说：“你们有谁愿意帮帮他？”许多同学纷纷伸出了援手。我选择了两个写作水平高的同学，用鼓励的语气对周杰说：“如果不会写，老师和同学愿意帮助你，有信心吗？”“有！”他使劲地点点头，兴高采烈地走下了讲台。一回到座位，他就迫不及待地拿起笔写了起来，不时还向两位“帮手”请教。虽然我不是上作文课，但为了不熄灭他刚燃起来的写作热情，我也没有进行过多的干涉。下午，他破天荒地交上来一篇作文。虽然作文还有很多毛病，但周杰毕竟迈出了转变的第一步。

接下来的几次作业他都准时上交，字写得整整齐齐，上课也不再捣乱，甚至还回答了问题。但我心中还存在着隐忧：后进生的转变不可能一蹴而就。果然，没过几天，他又“旧病复发”了。

我强压着心中的怒火问道：“周杰，你为什么又不交作业了？”他轻声地回答道：“老师，我还没背熟，所以不会默写。”我暗暗地长舒了一口气：“幸好我没有不分青红皂白地将他批评一顿，不然就会前功尽弃。”这次作业我要求他们在家里默写《古诗三首》，我也做好了心理准备：个别“聪明人”一定会浑水摸鱼，没想到周杰居然这么诚实。我抚摸着他的小脑袋说："你真诚实，老师不怪你。来，老师和你一起背书。"他欢天喜地地回座位拿书又走上了讲台。

上了一节课，我也想坐坐，一转头发现平时放在讲台上的椅子不见了。我问："周杰，你看见老师的椅子了吗？"他马上往四周望了一圈，然后大叫："椅子在后面！"原来是出黑板报的同学帮椅子搬家了。我刚想开口，他已经像风一般地跑了过去，又风一般地把椅子搬到了我的面前。"老师，椅子有点脏，我帮你擦擦。"他又风一般地回到座位，找来一张纸巾把椅面擦干净。望着他稚嫩的脸庞，我心里充满了暖暖的阳光。

其实，每个"问题学生"的心灵深处都埋藏着向上的种子，只不过被厚厚的冰雪覆盖。只要我们不吝啬爱的阳光，冰封的种子就一定会破土而出，生根发芽，长叶开花，教育的花园必会春暖花开。

九

教师要学会与学困生斗智

罗艺（化名）在学校可谓是“名人”了，可这并非得益于他才华横溢、学业出众，一切全拜他数不胜数的霸道行径所赐。

同学们见了他，无不退避三舍，皆因怕了他的“铁拳”“无影脚”，不知何时会被突然偷袭；班主任见了他，就像踩着了刺猬、接过了烫手的山芋似的，摇头叹息，愁眉苦脸，皆因被他的恶作剧弄得焦头烂额；任课的老师见了他，无不提心吊胆、如履薄冰，皆因不知他上课途中会不会来个“大闹天宫”；没接手他这个班的老师暗暗松了一口气；就连他爸爸见了他也是唉声叹气，徒叹奈何，皆因老师、家长的投诉不绝于耳，电话响个不停，最后也只能对老师说：“医生说我儿子有小儿多动症，希望各位老师高抬贵手，多多包涵！”

本学期，我与他相遇了，因他早已“声名”远播，所以我决心要灭一灭他的“威风”：不就是个小孩吗？我就不信教不好他！他是“牛魔王”，我还是“孙悟空”呢。

开学的第一节课，我终于一睹了他的庐山真面目。人长得结结实实，个子不高，圆头圆脑，手臂和腿长满了肌肉，还真像一头小牛犊。先是目光上的直接交锋，我如闪电般的目光盯着他的两只眼睛，他马上像触电似的，低下了头，乖乖地看着书本。接下来整节课我都在时刻关注着他的一举一动，准备随时找机会好好教育他。可他却根本不像“传说”中的那样调皮捣蛋，反而是规规矩矩、老老实实地上完了第一节课，甚至还回答了几个问题。

谁知这只不过是这小子的“障眼法”，演出才刚刚开始，好戏还在后头。

几节课的“韬光养晦”后，这小子终于原形毕露了。“孟校长，他揪我的小辫子！”“孟校长，他用脚踢我！”“孟校长，他用笔乱画我的书本！”……投诉声开始此起彼伏，不绝于耳。刚开始，我还耐心地进行说理教育，苦口婆心地劝他不要影响别人。可越是和风细雨，他越是得寸进尺，肆无忌惮。往往我的话音刚落，“告状声”瞬间又响起，连课也无法上下去了。于是我一改往日温文尔雅的作风，变成了一头狮子，字字如刀，声声如雷，连旁观者都不禁心惊胆战，目瞪口呆。可这小子就像没听见一样，任你喊破了喉咙，他照样是我行我素。“第一招”无效，我只好拿出“第二招”——罚站，把他叫到讲台上，远离同学，想捣乱也不行了，而且站累了就会消停了。谁知他却在我身后扭起了秧歌舞，变着戏法做出各种鬼脸惹得同学们哈哈大笑，我一转身他又站得像一根木桩，一副若无其事的样子，结果引得笑声更大了，课堂乱得犹如一锅粥。两招过后还不能把他“降服”，我决定使用第三招——“镇压”。我抡起铁臂像老鹰抓小鸡似的，把他凌空抱起，箭一般地冲出了教室。当时，所有学生都吓呆了，静静地看着大戏上演。他也被我的出其不意吓得面如土色，其实我只是想吓吓他而已，我把他抱到班主任的办公室，由班主任对他实行一对一的重点教育。这一招果然奏效，他也“老实”了几天。可在摸清了我只不过是“纸糊的老虎”后，他又开始故伎重演，甚至还变本加厉了。最后迫不得已只能使出“杀手锏”——见家长。每次请罗艺的家长来学校，老师们都轮番上阵，历数他的种种不当言行，并责成家长严加管教。可是他的家长对他也无能为力，只能不停地向老师赔礼道歉，并请求老师多多包涵。实在没办法了，他只能说：“医生说他有小儿多动症，很多时候会行为失控，请老师们谅解吧！我会抓紧带他去治疗的。”

就连家长也无能为力，我们对他也是“江郎才尽”了，最后只能忍气吞声。只要不是太离谱，都听之任之了。可他却越来越肆无忌惮，花样更是层出不穷，老师们被他折腾得身心俱疲、焦头烂额。难道他真的无药可救吗？

正在进退维谷之际，一次偶然的机会，我找到了“感化”他的法宝。

又一次做出不当行为后，他被“请”到了办公室，我才舒舒服服地上了一节课。下课后，刚走出课室，这“小魔头”就回来了，本想趁机再教育他几句，可意想不到的一幕出现了！他走过来用双手轻轻地抱着我的腰，把头紧紧地贴在我的胸膛，轻声地说：“孟校长，对不起，你原谅我吧，我以后再也不会这样了！”语气中充满了诚恳、懊悔，那样子温顺得像一只小绵羊。每次教育他后，他都对我充满了敌意，怒目而视，没想到这次却主动向我“示好”。看着他可怜兮兮的样子，就算是铁石心肠也会被他软化了。我马上把批评的话语硬吞回肚子里，轻轻地抚摸着他的脑袋说：“只要你肯改，老师愿意帮你，你真的做得到吗？”他毫不犹豫地答应了。虽然我不相信他会就此“改邪归正”，但这件事也给了我一些灵感和启发：既然硬的不行，可不可以以柔克刚、双管齐下呢？于是，接下来，我改变了以往的铁腕整治，加了些铁汉柔情。

我开始重新审视他，认识到只要不是戴着有色眼镜看他，没有一种先入为主的思想，他还不是无可救药的。通过细心的观察，我发现了他虽然经常捣乱、打架，好像不可一世的样子，但其实内心很孤独、寂寞。层出不穷的恶作剧，很多时候是一种想引起别人关注的行为，而且责任也不全在他身上：他很热衷于班级管理，尤其是在做操排队的时候，他爱指挥同学，以此展示他的口令清晰以及踏步动作标准，但鉴于他平常的“事迹”，同学们都不愿意听他的，甚至还故意对抗，结果往往因此打起架来；他很想和别人交朋友，但由于同学们都惧怕他的“铁拳”，都不愿和他玩，只要他一走近，同学们就马上散开，有时候甚至还联合起来共同“对付”他，结果又打成了一片；下课期间，没有人愿意和他玩，他只能孤独地一个人站着，眼巴巴地看着同学们开心地嬉戏、玩耍；上课的时候，他其实很想回答问题，但由于基础差、底子薄，回答问题时总是错漏百出，任课老师就对他失去耐心，最后不再给他机会了。总是被冷落，他只好通过恶作剧来发泄不满。

找到了病因后，我决定对症下药，好好治治他的“多动症”。一方面，我鼓励同学们放开怀抱，忘记过去的“恩怨”，以宽容的心态接纳他，主动和他交朋友。一开始，许多同学都不愿意原谅他，皆因挨够了他的“铁拳”。我就找一些班干部和比较热情大方的同学作为代表去接近他，热情邀请他加入活动，同时还反复地给他打“预防针”——提醒他一定要控制好自己的行为，千万不要动不动就“出手”教训别人。通过做工作，慢慢有很多同学开始愿意和他玩了。另一方面，课堂上，我尽可能把发言的机会留给他，还在他发言后大张旗鼓地表扬一番，让他感受到学习的快乐。在改变了教育方式以后，他真的发生了很大的转变——捣乱少了，打架少了，同学们也很少告他的状了。虽然偶尔还会犯一点老毛病，但“发病”间隔时间越来越长了。我相信，假以时日，他的“多动症”肯定会痊愈。

教育是要讲究智慧的，每个学生都是可造之才。在这场与“牛魔王”的“斗法”中，我领悟到：只要我们在教育中多一分关爱、少一些偏见，多一分宽容、少一些责备，多一分耐心、少一点急躁，即使是“牛魔王”，也会被感化。

十

教师要学会管理“牛气冲天”的学生

现在有很多小学生是家中的“独苗”，习惯了家人的溺爱，脾气自然不小，他们受不了半点委屈，动不动就会“牛气冲天”。

今天上午第二节课，我刚走进教室，冯劲（化名）就像见了救星似的向我“诉苦”：座位太窄了。于是，我便让坐在他后面的卢熙（化名）移移桌子。卢熙嘟着嘴说：“老师，梁权（化名）不肯往后移，我也无能为力！”梁权坐在最后一排，只有他才能给前排腾出足够的空间。谁知这样普通的一句实话却像一根导火索，引爆了梁权这只“火药桶”。

我还没来得及开口，只见他闪电般站起来，右手指着卢熙便大声嚷嚷：“冤枉我干什么？我已经移过座位了！”无端被指责的卢熙扭头针锋相对地使出一记“回马枪”。这下更像是捅了马蜂窝，受到“冒犯”的梁权瞬间变成了一头“野牛”，歇斯底里地咆哮起来，各种不堪入耳的字眼连珠炮似的脱口而出。突如其来的“火山爆发”，令有些胆小的同学被吓得目瞪口呆，有些“捣蛋鬼”趁机煽风点火，课堂霎时乱成了一锅粥。

我刚想用“铁腕”按低“牛头”。但转念一想：平时鸡毛蒜皮的小事也会让梁权的怒火如干柴般熊熊燃烧。如果现在与他硬碰硬，无疑是火上浇油。于是，眉头一皱，计上心头。我决定避其锋芒，采取“隔山打牛”的计策。

我用洪钟般的声音喊道：“同学们，你们想听故事吗？”许多同学立刻如坠云山雾海，弄不清老师葫芦里卖的是什么药——凭他们的“经验”，老师肯定会把闹事者狠狠地教训一顿。因此，他们都不约而同地把注意力转移到我的身上；梁权一时也丈二和尚摸不着头脑，不由自主地愣了一下。出其不意地偷袭成功，我马上讲起了前几天报纸上的一则新闻：在一辆长途汽车上，一位30岁左右的男乘客因为不满前排的小伙子老把座位向后挤压，便指责了对方几句，结果引发了一场“口水大战”。好不容易到了一个车站，小伙子便下了车。当乘客们都松了一口气的时候，没想到小伙子带着五六个手持刀棒的男青年上了车，二话不说对着男乘客就是一顿乱砍，可怜的男乘客顷刻间便成了刀下冤魂。讲完后，我摇头叹息道：“同学们，你们说他死得有价值吗？被杀者，因‘口角’便失去了宝贵的生命，不值；杀人者，因‘口角’犯罪，肯定会被绳之以法，也不值。正所谓：‘人固有一死，或重于泰山，或轻于鸿毛。’这几人因小失大，铸成无法挽回的悲剧，给亲人们留下无穷无尽的悲痛。他们不是死得比鸿毛还轻吗？你们同意吗？”“同意——”同学们异口同声地回答道，还情不自禁地发出“啧、啧、啧”的叹惜声。

在我讲述的过程中，醒过神来的梁权又再次发飙。为了压过他的声音，我使出了浑身解数：不但把修炼了四十多年的“男高音”发挥得淋漓尽致，同时还借助了现代化高科技手段——扩音器。于是，课堂上演奏了一曲奇特的“交响乐”，一厚一嫩，一高一低，一缓一急，我用“狮吼功”牢牢占据了上风。讲完了这则新闻后，我偷偷地觑了梁权一眼，发现他虽然还在喋喋不休地骂着，但可能由于没有“观众”捧场，也可能是我讲的新闻触动了他，他的声音渐渐变小。旗开得胜，我紧接着又讲起另一起发生在身边的

“血案”：有一对邻居，两人都是腰缠万贯的富豪，可就因为建一条小巷的问题而引发了激烈的争执。当一方威胁要用钱“摆平”另一方时，另一方决定先下手为强，直接痛下杀手，最终双方都付出了生命的代价。这两则血淋淋的事实，像惊雷似的震撼着同学们的心灵，他们感到既毛骨悚然又惋惜不已，同时也陷入了深深的自省。古语云：“一鼓作气，再而衰，三而竭。”由于三番五次找不到“开战”的机会，梁权终于闭上了嘴巴，但还是忿忿不平地昂着头。我乘胜追击，吹响了全面“大反攻”的号角，连续讲了“仁义胡同”以及“诸葛亮三戏周瑜”两个历史典故。精彩的故事像磁铁似的把同学们完全吸引住了，梁叔最终感到自讨没趣，垂头丧气地坐下了。

看到他终于低下了头，我话锋一转，语重心长地说：“梁权同学，我刚才真担心你会像气球一样爆炸。为了点小事就大发雷霆，值得吗？俗话说：‘忍一时风平浪静，退一步海阔天空。’人应该要有大海般的胸襟，小心眼往往容易走进‘死胡同’。刚才的两个‘血案’，就是对你敲响的警钟。世上没有后悔药吃，你可要引以为戒啊！”意识到自己过火了，梁权一声不吭地接受着批评。下课后，我找他进行了一次诚恳的谈话，他心悦诚服地做了检讨。

教育学生犹如治川，宜疏不宜堵。梁权的小题大做，恰恰使同学们对我讲的故事有一种身临其境的体验感。因此，新闻事件、历史典故、格言警句等“常规武器”才能发挥出数倍于平时的“杀伤力”。教育抓准了“牛鼻子”，“降牛”自然水到渠成。

十一

教师要成为教育的守望者

镇里的教坛上流传着一段“青蛙变王子”的佳话：默默耕耘十余载的郭老师终于顺利通过广东省“代转公”教师资格考试，成了一名公办教师。许多人羡慕郭老师受到幸运女神的青睐，遇到了一个千载难逢的机会。可作为曾经与他并肩多年的战友，我却心如明镜：他能实现“华丽转身”，看似偶然，实属必然。他对教育事业的矢志不渝，正像愚公移山一样，令人动容。

当教师清苦，当代课教师更清苦。虽然教师待遇正在不断提高，教师工资不低于当地公务员平均工资水平的规定也深得人心，但教师收入的慢速增长，始终跑不过物价的风速增长。特别是体制外的代课教师，更像是站在被遗忘的角落，难以享受一缕工资增长的阳光，既要养活妻儿又要照顾双亲，生活的拮据不言而喻。许多亲朋好友劝他趁着年轻，赶紧去外面的世界闯一闯，何苦白白浪费青春呢。有些单位甚至向他抛出了橄榄枝。可郭老师微笑着拒绝了他们的善意，默默坚守着他钟爱的“田园”。当代课教师，除了要忍耐得住生活的清贫，更要经受得住世俗的“尖刀”。在这个物欲横流、金钱至上的社会，郭老师却始终心如止水，不愿随波逐流，坦然面对流言蜚语，专心致志地耕耘着自己的一亩三分地。

代课教师，其实相当于足球场上的一名超级替补。哪所学校编制紧了，哪个岗位缺人手了，你才有机会登场。可是主力队员一到，明儿就又要“转会”。由于待遇低，工作不稳定，缺乏归属感，许多代课教师都抱着“做一天和尚撞一天钟”的心态，不会尽心尽力。可郭教师却不同，不管到哪所学校“接棒”，他都会全力以赴，甚至比许多公办教师还要认真刻苦。只要是学校分配的任务，他都毫无怨言地接受，竭尽全力做到最好。每到一所学校，他都用自己兢兢业业、任劳任怨的工作态度赢得了学校领导和同事们的交口称赞，用他的爱心、耐心以及高超的教学技巧赢得了学生们的尊敬。因此，他成了每所学校聘请代课教师时的首选，校长们都想方设法地把他吸引到自己学校，对其委以重任。在近几年清退代课教师的行动中，一部分不合格的人员被清退，唯独他始终是各个学校争相抢夺的“香饽饽”。

当代课教师，既看不清前途，又看不清希望。因此，许多人把代课生涯当作人生旅途中的一个驿站，不愿意浪费时间和金钱钻研业务、提升自我。可郭老师却是个例外，对教育事业的热爱使他自始至终坚信：干一行就要爱一行；要给学生一杯水，师者必须要有一桶水，而且是源头活水。因此，他从没放弃过学习知识和提高业务水平，始终坚持刻苦地自学和踊跃参加校内外的各类培训，千方百计使自己脱胎换骨，并最终顺利地取得了教师资格证和大专学历证书等。正是这么多年孜孜不倦的学习，郭老师才有了抓住机遇的本钱。当“代转公”教师资格考试的机会来临时，有些刚从代课岗位上“逃离”的教师捶胸顿足、扼腕长叹，他们为自己未能坚守到“最后一公里”而悔青了肠子；有些代课教师虽然等来了改变命运的直通车，但却因为没有准备好车票——教师资格证、学历证书或专业知识，眼睁睁地看着它擦肩而过。他们都羡慕郭老师运气好，埋怨自己时运不济。但值得深思的是：郭老师改变命运靠的仅仅是运气吗?

人们常说：机遇垂青有准备的人。的确如此，幸运女神更钟情有毅力的“守望者”！

十二

教师不要轻言放弃

九月的校园紫薇吐艳，丹桂飘香，风景如画。可这幅美丽的画卷却被一场突如其来的风暴硬生生地撕裂了。

小冯的爸爸一见到林老师便伸出右手指着他的鼻子责问：“你是怎样为人师表的？居然敢打学生！你知道这样会对他的心灵造成多大的伤害吗？”

林老师赶紧解释道：“对不起，请您息怒，我不是故意的！”

“不是故意的会伤成这个样子吗？你怎么批评他我们都接受，但造成人身伤害的行为我们决不能容忍。我要见校长，我要你当着全校孩子的面向我的孩子道歉。”

见家长根本不听自己的解释，林老师只好把三位家长请到了政教处李副校长的办公室，由李副校长进行调解。

小冯的爸爸一见到李副校长，便拍着桌子道：“你们学校的老师是什么素质，有没有读过《论语》《增广贤文》，如果他不当着全校学生的面向我的孩子道歉，我就马上报警，我要让他连老师也当不成。如果警察不处理，我自会找人把这件事摆平！”

面对情绪激动的家长，李副校长心平气和地对他说：“冯先生，我相信你们来学校绝不是为了报复，而是想寻求解决问题的办法，为什么我们不能心平气和地商量解决办法呢？现在先让我了解一下事情的经过，再来处理好吗？”

听了李副校长的话，小冯的妈妈和外婆也劝小冯的爸爸冷静下来，他才气鼓鼓地坐了下来。于是，李副校长便要求林老师把事情的来龙去脉说一遍。

原来，昨天上午放学，五（1）班的同学在林老师的组织下有序地下楼梯。当长长的队伍快要到达楼下的时候，小冯突然间玩起了恶作剧。他用力地把前面的同学一推，那位同学瞬间失去平衡，身体向前面的同学撞去，前面的同学也顺着向前冲去，一个撞一个，差点形成了多米诺骨牌效应，整个队伍瞬间便乱了起来。看着自己造成的同学们狼狈不堪的混乱局面，小冯不禁哈哈大笑起来。林老师目睹了小冯的恶作剧，想到他的这种行为会对同学的人身安全造成严重的威胁。于是便高声地出言制止：“小冯，不准推！注意安全！”

这本来是很正常的一句话，谁知却捅了马蜂窝。小冯扯着嗓子冲着林老师喊道：“要你管闲事！”

突然间被小冯在众目睽睽之下出言冒犯，林老师不禁火冒三丈。他伸出右手，叉开拇指和食指，想堵住小冯的嘴巴，不准他乱说话，谁曾想却惹下了大祸。小冯没有乖乖地束手就擒，而是把头像拨浪鼓一样左右用力摆动，妄图挣脱老师的手。谁知这样一摇摆，加上林老师的指甲比较长，结果把小冯的脸部和脖子的皮肤刮破了几处。看着自己的指甲不小心划伤了小冯，林老师赶紧缩手，赶快检查了小冯的伤口，发现其脸部和脖子有几个米粒般大小的红点。见误伤了小冯，林老师的心里也忐忑不安，他安慰了小冯几句后便继续带队放学。小冯受到老师的惩罚后，也没有了刚才趾高气扬的气焰，垂头丧气地跟着队伍走了。为了避免家长误会，林老师及时地打了电话向家长解释此事，家长也表达了谅解。本以为这件事就这样平息了，谁知第二天却风云突变——小冯在爸爸、妈妈和外婆的陪同下来到学校兴师问罪。

听完了林老师的叙述，李副校长清楚了事情的真相，脑子里迅速思考处理的办法。思考了一会，他先说道："冯先生，我们的出发点都是为了孩子健康成长，在这件事情的处理方式上，我们的老师的确有些欠妥当。"

"不是欠妥当，分明是伤害了孩子的自尊心，你不知道，昨天晚上，他一句话也没有说过，完全变成了另一个样子。林老师不当着全校学生的面向我的孩子道歉，我决不会放过他。"小冯的爸爸粗暴地打断了李副校长的话，又拍着桌子站起来。

看他这样暴怒，李副校长便不再说话。这时，他的妻子和丈母娘都劝他好好听听李副校长的话。过了一会，他终于又再次气鼓鼓地坐了下来。李副校长接着道："我们的老师不小心弄伤了你的孩子，这是不争的事实，我们不包庇，也不偏袒，该赔偿的一定赔偿，该道歉的一定会道歉。"然后他提出了三个方面的解决办法："首先，你们可以带孩子到医院验伤，全部的检查费和医疗费由学校承担；其次，我们的老师向家长和孩子道歉，但只能当着家长与全班同学的面道歉，绝不能在全校学生面前道歉，因为根本没达到这个程度，另外，你的孩子也有错，他也应该向林老师认错；最后，你的孩子的心理问题学校会安排专门的心理老师进行疏导。不知道你们接不接受我的处理意见？"

刚开始，小冯的爸爸一定要林老师当着全校学生的面道歉，后来见李副校长毫不退让，再加上他的妻子和丈母娘不停地劝说，最终还是接受了李副校长的建议。

望着家长远去的背影，李副校长和林老师都不禁松了一口气，但又同时陷入了深深的沉思：家长会担心老师的不当行为伤害了孩子幼小的心灵，但是老师受伤的心灵又由谁来疗伤呢？

李立文作为政教处副校长，调解过的家校之间、师生之间的矛盾纠纷多如牛毛、数不胜数，因此，处理起来得心应手、驾轻就熟。他看着还有点战战兢兢的林老师安慰道："林老师，以后小心点就行，没事的。"

林老师说道："李校长，谢谢您的帮助！给您添麻烦了。"

"林老师，不要这样说，这是我应该做的。"李副校长说道。

当林老师无精打采地回到办公室时，办公室里的老师都围了上来。林老师把处理结果讲了一遍后，整个办公室像一锅开水似的沸腾起来。有的说学校的处理很恰当，各打五十大板；有的说林老师不应该道歉，因为这样一来，学生就会更嚣张了；有的说以后再也不敢管理学生了，老师只能骂不还口、打不还手了。

面对众说纷纭的局面，林老师只能默默不语。可有一个问题始终还困扰着他："面对那些故意冒犯的学生，老师真的只能听之任之吗？"

他不禁想起了最近新闻报道中闹得沸沸扬扬的一件事：因为部分学生违反了课堂纪律，一位老师为了惩罚这些学生，用戒尺打了他们的手心，结果事情曝光后，该老师受到严厉的处罚。

《中小学教育惩戒规则（试行）》提倡在合理合法、合规合情的情况下对学生实施教育惩戒，林老师对于此规则的出台举双手赞成，因为现在的孩子确实越来越难管理了。但如何把握惩戒的尺度，让老师不至于一不小心触碰"地雷"，考验的是老师的教育智慧。

俗话说："吃一堑，长一智。"对于年轻人来说，只有交足了"学费"，才会获得经验。林老师作为只有三年教龄的年轻老师，在处理学生矛盾上还比较稚嫩。这不，上次的风波才平息不久，林老师又再次惹上了麻烦。

这天，李副校长接到了一位家长的投诉电话：投诉林老师对待家长态度恶劣粗暴，处理学生打架事件时动用了武力。原来，在上数学课的时候，有两个学生因一点摩擦发生了打架事件。刚开始，林老师果断地出言制止，可这两个打红了眼的家伙就像一对猛虎似的，根本停不了手，反而打得更加起劲。看着激烈的战况，林老师一来担心他们受伤，二来看他们完全把他的话当作耳边风，觉得权威受到了挑战，加上年轻气盛，瞬间怒不可遏。他飞快地跑到两个学生面前，伸出左右手揪着他们的衣领想把他们分开，谁知用力过猛，把两个学生的衣服都撕破了，而且还在其中一个学生的脖子上刮出了一道红印。面对老师的出击，两个小家伙虽然被迫停了下来，但还是目露凶光，互相对峙着，甚至还对骂起来。看着这两个学生气焰嚣张的样子，林老师马上拿出了手机，打电话给两位学生的家长，要求他们立刻来学校。由于其中一个学生经常打架，所以，林老师在电话中语气愤怒地对他的家长说道："你的儿子又打架了，快过来处理！否则出了问题我们可不负责任！"

这个家长听了林老师毫不客气的话后，像被针扎了似的发起了脾气："有你这样说话的吗？我把孩子交给你们学校，你们不负责任，谁负责任？我儿子要是有半点损伤，我都拿你是问！"本来是叫家长过来处理孩子打架的事件的电话，瞬间变成了家长指责老师的战场。林老师也感觉到自己说话的语气不太友好，他本来也想解释几句，谁知家长根本不给他解释的机会，发了一通怒火后便挂断了电话，更没想到的是，家长很快便把投诉电话打到了李副校长处。

接到投诉电话的李副校长把家长和林老师请到了政教处，充当和事佬的角色，想办法调和双方的矛盾。经过一番调解，林老师承认了自己的态度有问题，家长也表示谅解，双方最后握手言和了。家长走后，李副校长语重心长地对林老师说道："林老师，以后记着要吸取教训了，对待家长和学生任何时候都不能简单粗暴，要懂得控制自己的脾气，要学会处理的技巧，否则只会给自己添麻烦！"林老师再次对校长的帮助表示感谢。

年轻老师在成长的过程中摔摔跟头是再正常不过的事情，可林老师在一次又一次的挫败中竟然对教师这一行业心生厌倦，打起了退堂鼓。近年来，随着教师社会地位的不断提高，教师这一行业越来越受到年轻人的青睐和追捧。每年教师的招聘都如千军万马过独木桥，林老师好不容易“过五关斩六将”才考取在编教师岗位，可他现在却要放弃这来之不易的“金饭碗”，以自己不适合当教师为由，向我提交了书面辞职报告。

我接到林老师的辞职报告后，觉得不能够就这样轻易地批准，决心想办法挽留这位优秀的年轻教师。于是，我把林老师请到了办公室，对其进行了一次开诚布公的促膝长谈。我和风细雨地问道：“林老师，你的辞职信我收到了，但我想听听你的心里话！你能把你辞职的真正原因原原本本地告诉我吗？难道你真的不喜欢教师这个职业吗？”

林老师想了想，便竹筒倒豆子般毫无保留地说了起来。他说：“孟校长，其实一开始我也挺喜欢教师这个职业的，觉得为人师表很神圣、很光荣。但经过这三年的工作，我觉得真实的教师生活和想象中相差太远。我觉得当老师太烦琐了，太没地位了，太没面子了。每天有改不完的作业，上不完的课，干不完的活。但这些都不是我最担心的，我最担心的还是管理学生和面对家长。现在的学生太难教了，不但不爱学习，而且纪律太差，我又没有管理的手段，打肯定不行，连批评都要小心翼翼。家长更加难缠，动不动就告状，让人无所适从。现在当老师不能理直气壮地教，只能忍气吞声着教。我觉得自己真的不太适合，再干下去，我迟早会疯掉的！”

听完林老师的“诉苦”后，我心平气和地劝说道：“林老师，当老师的确不是一件容易的事，它确实很烦琐，甚至有时候还要委曲求全。但行行有本难念的经，公务员为人民服务的过程中也会遇到不理解、不支持工作的人，医生为病人服务时也避免不了要花精力处理医患矛盾。其实，你在教学中遇到的困难是每个老师都会碰到的，但办法总比困难多。遇到困难，可以多向有经验的老师请教，而且学校也不会置之不理。你看，你遇到的麻烦，李副校长不都帮你处理得妥妥帖帖吗？年轻人遇到困难不应该逃避，而应该迎难而上。现在国家越来越重视教育，也出台了很多有利于教师的法律法规，教育的大环境、教师的待遇只会越来越好。你那么辛苦才从千军万马中突围而出，这么轻易就放弃了，你不觉得可惜吗？”

在我一番推心置腹的劝说下，林老师终于放弃了辞职的打算，重新树立起当好一名人民教师的信心。

十三

教师要做到不放弃任何一个学生

这天上午，我正在办公室里批阅文件，副校长冯绍明急匆匆地走了进来。他喘着气说：“孟校长，四（3）班班主任李玉芳老师报告少了一名学生。”

我放下文件说：“冯副校长，别急，你说说是怎么回事?”

冯副校长呼了一口气道：“李老师说他班上的刘光良（化名）上一节课还在教室里上课，可这节课却突然失踪了。刘光良是一个比较顽皮的学生，以前也有过不回教室上课的恶作剧，他一般都是躲在厕所里不愿回教室。可这次，李老师派学生找遍了全校厕所都不见其踪影。她担心刘光良偷偷溜出了学校。如果这样，出了问题，后果将不堪设想。”

听了冯副校长的汇报，我冷静地指挥道：“先别急，你再发动不用上课的老师在学校内进行地毯式的搜索，不要放过任何一个角落。我再安排黄兴文副校长到监控室查查监控。”

于是，我和冯副校长马上兵分两路。我来到总务处把情况作了介绍后，便要求黄副校长马上到监控室查看录像。黄副校长听说此事后，一点都不敢怠慢，马上便带着两位总务处主任到监控室调看录像。与此同时，冯副校长迅速发动留在办公室的教师对校园进行拉网式排查。老师们接到指令后，立刻搜遍了学校的每一个角落。随着时间的推移，两路人马的搜寻都没有结果，我和冯副校长都不禁焦虑起来。我们不约而同地想起了几年前的一起意外事件：二年级的一个男同学在上课期间偷偷攀爬学校的围墙溜出了学校，结果被一辆汽车撞成重伤。这件事弄得学校焦头烂额，花费了不少工夫才解决了此事，至今还让人刻骨铭心。正当我们忐忑不安之际，搜查校园的一路人马终于传来了好消息——人找到了，原来是躲藏在某教学楼内一个隐蔽的角落。我们都长长地舒了一口气，可问题又来了：刘光良无论如何都不肯回教室上课，几个老师拖都拖不动他。

我一听便怒火中烧："岂有此理！我们去见识见识。"于是，我和冯副校长迅速赶到了刘光良躲藏的地方。这时，几个老师正围着他不停地劝说。刘光良长得精瘦，眼大无神。老师们见我们来了，都松了一口气。我生气地质问道："刘光良，为什么不回教室上课？"

刘光良抹抹瀑布般的眼泪道："校长，有人欺负我，我不想读书了！"

"谁欺负你，校长帮你做主。"我说道。

"全班同学都欺负我，他们都不愿意和我玩！"刘光良继续哭诉道。

"他们是怎样欺负你的？"

"他们骂我乞丐、小偷、牛皮大王，我想回家，我不愿意读书了。"

"你先不要哭，先回去上课，我弄清情况后再处理，好吗？"

"不要，我要回家。"刘光良死活不肯松口。

我见说不动他，便想动手拉他，谁知他却突然一屁股坐到地上，哭得更加起劲了。

这时，班主任李玉芳老师拉了拉我的衣袖，把我带到一旁说："孟校长，刘光良这孩子的刺头软硬不吃。他认定的东西九头牛都拉不回来。你和他讲道理或者发火都是没用的，不如叫他的家长过来处理吧。"

“为什么他会这么倔强呢？”

“唉！”李玉芳老师叹了口气道，“这和他的家庭环境有很大关系。他的父母早早就离婚了，他一直跟着爸爸生活。他的爸爸又长年在外打工，家里只有奶奶照顾他。而他的奶奶常年忙于卖菜赚钱养家，很少有时间管他。因此，他的衣服经常又脏又烂，有同学称呼他为‘乞丐’。另外，他还动不动就偷同学的东西，同学们都把他当成小偷来看，时刻提防着他。由于他既不讲卫生，又爱偷东西，也爱说谎话，所以每个同学都躲着他。”

听完了李玉芳老师的简单介绍后，我不禁摇了摇头道：“问题儿童的问题大都出在家庭里。这个孩子明显是缺乏家庭的关爱。李老师，以后你可要在他身上多花点心思。那好吧，你打电话叫他的奶奶来接他吧！”

过了很久，刘光良的奶奶终于急急忙忙地赶到了学校。他的奶奶满头白发，背有点驼，显得又苍老又憔悴。她见了我不好意思地说道：“孟校长，真对不起，给你们添麻烦了！我刚才还在市场卖菜！我这个孙子很不听话，有劳你们费心了。”

见奶奶来了，刘光良才停止了哭泣。奶奶生气地说道：“阿良，你又怎么了？为什么不回教室？”

刘光良又把刚才的理由重复了一遍。他奶奶一听，眼圈都红了。她对我说：“孟校长，都怪我平时忙于卖菜没有把孩子照顾好！但没办法，都是生活所迫啊！他的爸爸又不争气，根本没尽过父亲的责任。这样吧，我先带他回家，明天再来上学吧！”

望着祖孙俩远去的背影，我和李玉芳老师心里都酸酸的。生长在这样的家庭，这个孩子的未来会怎样呢？

“孟校长，不好了，又出事了！”冯绍明副校长心急火燎地走进了校长办公室。我放下手头的文件问道：“怎么了？”

“学生们都说厕所里有个‘吸血鬼’，青面獠牙，很恐怖，许多孩子都被谣言吓得不敢上厕所了。”

“我和你去现场看看！”

于是，我们快步向传说中“闹鬼”的厕所走去。这时，厕所门口围着一群胆大看热闹的学生。他们一见我前来，都不约而同地叫了起来：“孟校长，里面有一只‘吸血鬼’！吓死人了！”

“别乱说，哪里会有鬼呢？”我连忙制止道。

“真的，您进去看看就知道，那‘吸血鬼’还在墙壁上。”学生们战战兢兢地指了指里面说。

于是，我和冯副校长一起走进了厕所。学生们看到我们如此胆大，都情不自禁地惊呼起来，现场的气氛变得更加紧张。

我们查看了每一个厕格，里面空荡荡的，哪里有什么“吸血鬼”。走到最里面，果然发现一面墙壁上有一个奇怪的东西。仔细一看，原来是有人用粉笔画了一个类似“吸血鬼”的画像。画像画得很逼真，一只骷髅头，两只阴森森的眼睛，一副白森森的牙齿，牙齿外面还吊着一条长长的红色舌头，看上去还挺吓人的。

“你们说的‘吸血鬼’就是它吗？”我问大胆跟进来的学生。

“对，就是这个！”

“这是有人故意画上去吓人的，是恶作剧，你们不要害怕。”我松了一口气说道。

走出了厕所，我对冯副校长说道：“冯副校长，现在这件事在全校闹得沸沸扬扬，如果不及时辟谣，它会像瘟疫一样传播开。你现在马上用广播向全校师生作出解释。另外，发动各班班主任调查一下，看看是谁搞的恶作剧？”

冯副校长马上到广播室，拿起麦克风说道：“同学们，根据调查，厕所里有‘吸血鬼’完全是一场恶作剧，是有人用粉笔在墙壁上画了一个鬼脸。请同学们不要担心，也不要害怕。我们要相信科学，这个世界上根本没有鬼。请大家不要造谣、信谣和传谣。学校同时要求各班班主任马上调查这件事，查清是谁画上去的。也希望搞恶作剧的同学主动承认，坦白交代，争取从宽处理。”

谣言很快便得到了平息，顺藤摸瓜，始作俑者也很快浮出了水面。当他出现在我面前的时候，我感觉似乎在哪里见过这个孩子。这时，班主任李玉芳老师提醒道：“他就是上次躲藏在校园里，不愿回教室学习的刘光良！”

“哦！原来是你，怪不得我觉得挺面熟的。”我恍然大悟道。

“刘光良，你为什么要在厕所里乱涂乱画？而且还要画那么恐怖的东西？”我继续问道。

“孟校长，我是闹着玩的。”刘光良满不在乎地回答道。

“闹着玩？你知不知道差点闯大祸了！”我加重了语气。

“我不知道，我真的是闹着玩，没想到还会惹祸。”刘光良还在避重就轻、虚与委蛇。

我刚想发火，但想到这个孩子可怜的身世，想到他软硬不吃的性格，觉得还是要从长计议，给点时间让他慢慢改正，于是便把火气吞进了肚子里。我换了一种语气说道：“你以后还会再画吗？”

刘光良说道：“孟校长，我以后再也不乱涂乱画了！”

“既然你作出了保证，证明你是一个知错能改的孩子，这次我就从轻处罚，罚你写保证书和把墙壁上的画刷掉，你能做到吗？”我说。

“孟校长，我做得到！”刘光良想都没想就一口答应了下来。

于是，他从书包里拿出了纸和笔，干脆利落地用歪歪斜斜的字体写了一封保证书。写完保证书后，他又像一阵风似的跑到厕所把墙壁擦干净了。做完这一切，他还得意地笑了起来，那样子好像是受到了表扬似的。

望着这个“不懂事”的孩子，我和李玉芳老师都有点哭笑不得。

“对了，李老师，最近刘光良的表现怎么样？”我问道。

“除了这次恶作剧外，基本还算比较正常！可就是不知道他下次会干出什么‘坏事’。”李老师回答道。

我说：“我看这个孩子本质并不坏，如果他能得到他爸爸的重视，得到家人的关爱，他肯定是会变好的。”

李老师赞同地点了点头，说道：“我已经多次打电话给他的爸爸，反映他在学校的所作所为，希望能引起他爸爸的重视。教育问题孩子光靠老师还不行，必须要得到家长的配合。”

“李老师，对这样的孩子我们还是要尽全力进行教育，不能让他就这样‘毁’了。”

“是的，我会多想办法的。”

李玉芳老师为了让刘光良能好好地记住这次教训，回到教室以后，还要他当着全班同学的面读了保证书，同时还罚他负责每天擦黑板。这一切，刘光良都愉快地接受了。

最近，中午在学校住宿的学生常常向生活老师反映放在书包里的作业本、文具等物品莫名其妙地丢失了。生活老师调查了很久也没查出头绪，只好提醒同学们不要把钱等贵重财物放在书包里，要随身带着。

这天中午，生活老师像往常一样带领着孩子们从宿舍到教室里自习。林月红老师想起一些东西还放在学生宿舍里，于是便吩咐学生先自习，自己回宿舍拿东西。她经过宿舍一扇窗的时候，突然看见里面有一个人影一闪而过。“难道有贼？”林月红老师马上开门走了进去。可一看，里面却一个人都没有。“难道我眼花了吗？”她自言自语道。她还是有点不放心，于是弯下腰向床底望去。不望不知道，一望吓一跳，床底居然趴着一个孩子。她厉声喝道：“什么人？快出来！”

那孩子见自己被发现了，只好从床底爬了出来。只见他满头都是灰，身上的衣服也染上了灰尘。

“你叫什么名字？你在床底下干什么？”林老师质问道。

“嘘！老师，不要那么大声，我叫刘光良，我在抓老鼠呢。”男孩子把手指放到嘴边说。

“什么，你在抓老鼠？”林老师吃惊地问道。

“是啊，我刚才发现床下有一只大老鼠，想进来把它捉住，没想到你把它给吓跑了。”刘光良反而恶人先告状，倒打一耙。

“我不信，你手里拿的是什么东西？”林老师发现他手上还拿着几支笔。

“老师，是这样的，这些笔让老鼠叼到床底去了，是我把它们捡起来的。”尽管人赃并获，刘光良仍矢口否认。

林老师被这个谎言弄得哭笑不得。她只好把刘光良带到了中午在学校值班的我的办公室。我一见是刘光良就知道肯定他又犯事了，于是问道：“刘光良，这次又犯了什么错？”

“孟校长，我刚才发现刘光良在宿舍里偷东西。”林老师抢先道。

“老师，你血口喷人，我刚才是在抓老鼠！”刘光良大声否认道。

“刘光良，你别急。林老师，你说说什么情况。”

于是，林老师便把刚才的情况说了一遍，我一听便完全明白了。我生气道：“刘光良，你还不承认吗？”

“校长，她冤枉我，我真的是在抓老鼠。”刘光良若无其事地说道。

“这些笔，你又怎样解释？”

“我都说是老鼠叼走的，我好心帮忙捡回来而已。”

见他拒不承认，我便把他的书包打开来看，看见里面有很多笔和作业本。我拍了一下桌子道：“这些东西都是你的吗？”

“是的！”

“谁给你的？”

“是我自己买的！”

“哪来的钱？”

“我奶奶给的！”

“买那么多干什么？”

“我喜欢！”

简直是对答如流，不留一点破绽。

见刘光良拒不承认，我只好把他的奶奶再次请到了学校。

“您经常给他钱买东西吗？这些文具都是您给他钱买的吗？”我问道。

“没有啊，我很少给他钱，他又犯了什么事？”刘光良奶奶回答道。

“他偷东西了，可他始终不肯承认。”

刘光良奶奶一听，急得眼泪都掉了下来。她拧着刘光良的耳朵说：“你小子是想气死我吗？你为什么这么不争气？我叮嘱你要好好学习，不要偷人家的东西，可你为什么就是不听话呢？”

在他奶奶的指证下，刘光良终于承认偷了东西。

原来，学生遗失的东西都是他偷的。每次午休时，他都以上厕所为由偷偷溜进宿舍，趁机“大肆搜掠”一番。其实，他把东西偷来也没多大用处，可就是忍不住，停不了手。

人们常说:“小时偷针，大时偷金。”刘光良小小年纪便如此胆大妄为，谎撒得滴水不漏，这样发展下去，迟早会酿成大错。我望着这个不长进的学生，既痛心，又着急。

第二天，我再次把李玉芳老师请到了办公室，和她进行了一次深入的交流。李玉芳老师年近四十，有着丰富的教育教学经验，最重要的是她对待学生非常有耐心和爱心。

她听了我描述的调查情况后，也进一步感受到事态的严重性。她说：“刘光良的奶奶根本无力管教他了，我觉得当务之急是说服他的爸爸放弃在外地的工作，尽快回到他的身边，然后我再对他实施感化教育。只有双管齐下，才有可能挽救这个孩子。”

我点点头说：“我非常赞同你的建议，你赶快去落实吧，否则积重难返，不知他还会惹出什么乱子来。”

回到办公室后，李玉芳老师拨通了刘光良爸爸的电话，她首先详细地介绍了刘光良在学校的种种不良行为，然后详细地分析了造成刘光良不良品行的主要原因，最后语重心长地说道：“刘先生，我们辛辛苦苦挣钱不都是为了能给孩子创造好的条件，让孩子能健康成长，将来有个好前途吗？正所谓‘三岁看大，七岁看老’，现在你的孩子已经渐渐误入歧途了，你再不及时纠正，把他重新引入正途，将来后悔都来不及。如果孩子学坏了，你即使挣到再多的钱又有什么用呢？”在李老师动之以情、晓之以理的劝说下，刘光良的爸爸终于答应回到儿子身边。做通了刘光良爸爸的思想工作，李玉芳老师终于长长地舒了一口气。这是好的开端，但要真正使弯曲的小树变直，还需要下很多功夫。

自从刘光良的爸爸从外地回来，刘光良的确有了较大的转变，这为李玉芳老师实施感化教育创造了空间。李老师首先要求刘光良的爸爸注意孩子的穿着打扮，带孩子到理发店剪短头发，给孩子换上干净、整洁的衣服，使孩子的精神面貌焕然一新。其次，要求刘光良的爸爸做孩子言行上的表率，不要在孩子面前撒谎，做到言行一致。在他爸爸的影响下，刘光良说谎的次数明显减少了。接着，要求刘光良的爸爸多陪陪孩子，告诉他教育孩子要有耐心，要包容孩子的错误，切忌简单粗暴。最后，要求刘光良的爸爸及时汇报孩子在家的情况，一有不对劲的地方，就要及时纠正。

在要求刘光良爸爸做好以上几点的同时，李玉芳老师还对刘光良进行了许多有针对性的教育。首先，李老师在班级开展了多次主题教育活动，她经常教育学生：人非圣贤，孰能无过？过而能改，善莫大焉。她提醒学生班级就是一个大家庭，大家要团结互助，相亲相爱，不要嘲笑、歧视刘光良，要学会接纳他、包容他。其次，她还安排一些班干部主动接近刘光良，和他玩游戏，跟他做朋友。这一点精准地抓住了刘光良的“软肋”。过去，他不爱学习、爱撒谎、爱偷东西，因此，同学们都排挤他，都不愿意跟他玩，使他越来越孤独。其实，刘光良做那么多坏事的一个重要的原因无非是想吸引老师和同学的关注。现在有同学主动向他示好，他当然求之不得了。有了同学们的帮助，他很快便融入了班级大家庭。接着，李老师还根据刘光良擅长绘画的特点，把他任命为班上的宣传委员，使他这个“英雄”有用武之地。刘光良果然不负重托，把班级宣传栏办得有声有色，多次获得学校的奖励。最后，她经常找刘光良谈心、谈话，用生活实例和历史典故启发、引导他积极向上。刘光良对历史故事十分着迷，每次都听得津津有味。

经过李玉芳老师的不懈努力、家长的密切配合，刘光良的行为习惯有了很大的转变。任何目标的达成都不可能一蹴而就，肯定会有反复的过程，虽然刘光良偶尔还会犯点错误，但他已经朝着正确的方向前进了。

十四

教师要学会包容学生

在实际教学中，教师可能会遇到这样一些学生：他们视学习如空气，视纪律如白纸，视教师的权威如无物。无论教师采取何种方法，他们都无动于衷，这会让教师感到江郎才尽、束手无策、信心受挫。

教师看重师道尊严，希望每个孩子都能亲其师信其道，听其言从其行。可理想很丰满，现实却很骨感。教师工作的对象是人而不是机器。机器会对人的指令言听计从，但人却是有思想、有灵魂的，小学生也是，他们处于思想和身体的成长期。正所谓："十人生九品，品品不同人。"不同的家庭环境，不同的成长经历，造就了孩子千差万别的个性。有些孩子乖巧听话，有些孩子中规中矩，而有些孩子调皮捣蛋，不受约束，爱与教师对抗，甚至敢于挑战教师的权威。

那么，面对那些冒犯师道尊严的孩子，我们该如何处理呢？难道我们就只能举手投降吗？答案是否定的。我们要相信"人之初，性本善"。每一个孩子的本性都是善良的，只不过有些孩子善良的心灵蒙上了一层尘埃，那么，给孩子心灵除尘的最佳武器是什么呢？

有这样一个耳熟能详的教育故事：陶行知先生当校长的时候，有一天看到一位男生用砖头砸同学，便将他制止并叫他到校长办公室去。当陶校长回到办公室时，男孩已经等在那里了。陶行知掏出一颗糖给这位同学，说：“这是奖励你的，正因你比我先到办公室。”男孩诧异地接过第一颗糖。之后陶先生又掏出一颗糖给他，说：“这也是给你的，我不让你打同学，你立即住手了，说明你尊重我。”男孩将信将疑地接过第二颗糖，陶先生又掏出一颗糖给他，说道：“据我了解，你打同学是因他欺负女生，说明你很有正义感，我再奖励你一颗糖。”这时，男孩感动得哭了，说：“校长，我错了，同学再不对，我也不能采取这种方式。”陶先生于是又掏出一颗糖给他，说：“你已认错了，我再奖励你一颗。我的糖发完了，我们的谈话也结束了。”陶行知先生“四颗糖”的故事，很好地诠释了爱的教育。

有这样一些流芳百世的历史典故：负荆请罪，仁义胡同，六尺巷，宰相肚里能撑船，鲍叔荐管仲，等等。

无论是现代故事还是历史典故，都昭示着一个亘古不变的真理——宽容是解决问题的良方。

假如有孩子在语言和行动上冒犯了教师，教师大可以轻描淡写，一笔带过，而无须上纲上线，小题大做。为师者，应该有海纳百川的胸襟，既要欣赏孩子的优点，又要包容孩子的缺点和不足。

最近，学校发生了这样一件事：五（1）班的学生在林老师的组织下有序地下楼梯。当长长的队伍快要到达楼下的时候，小冯突然间玩起了恶作剧，他用力地把前面的同学一推，那位同学瞬间失去平衡，身体向前面的同学撞去，前面的同学也顺着向前冲去，一个撞一个，差点形成了多米诺骨牌效应，整个队伍瞬间便乱了起来。看着自己造成的同学们狼狈不堪的混乱局面，小冯不禁哈哈大笑起来。林老师目睹了小冯的恶作剧，想到他的这种行为会对同学的人身安全造成严重的威胁。于是便高声地出言制止：“小冯，不准推！注意安全！”

这本来是很正常的一句话，谁知却捅了马蜂窝。小冯扯着嗓子冲着林老师喊道："要你管闲事！"

突然间被小冯在众目睽睽之下出言冒犯，林老师不禁火冒三丈。他伸出右手，叉开拇指和食指，想堵住小冯的嘴巴，不准他乱说话，谁曾想却惹下了大祸。小冯没有乖乖地束手就擒，而是把头像拨浪鼓一样左右用力摆动，妄图挣脱老师的手。谁知这样一摇摆，加上林老师的指甲比较长，结果把他的脸部和脖子的皮肤刮破了几处。看着自己的指甲不小心划伤了小冯，林老师赶紧缩手，可已经来不及了。林老师赶快检查了小冯的伤口，发现其脸部和脖子有几个米粒般大小的红点。见误伤了小冯，林老师的心里也忐忑不安，他安慰了小冯几句后便继续带队放学。小冯受到老师的惩罚后，也没有了刚才的趾高气扬的气焰，垂头丧气地跟着队伍走了。为了避免家长误会，林老师及时地打了电话向家长解释此事，家长也表达了谅解。本以为这件事就这样平息了，谁知第二天却风云突变。小冯在爸爸、妈妈和外婆的陪同下来到学校兴师问罪，引发了家长和学校的一场较量。

那么，我们该如何避免这种不必要的纠纷呢？教师在面对学生的挑衅时，首先要包容学生的错误，一定要保持克制，不能冲动行事，更不能对学生动手；其次要对正处于冲动状态的学生进行冷处理；最后要待学生情绪平复后，再找学生谈话。教师动之以情，晓之以理，学生肯定能够认识到自己的错误。

当然，宽容不是一味退让。坚持原则，守住底线，宽严相济，久久为功，顽石也会被点化。

十五

教师要掌握“一招制胜”的技巧

陈星（化名）是一名四年级的学生，个子比同龄人矮一大截，身子骨很单薄。可就是这样一个看起来单弱的学生，却具备“孙悟空大闹天宫”的本领，经常把课堂搅得鸡犬不宁，让班主任及任课老师焦头烂额。

陈星是一个胆大包天的学生——他居然敢在教室里撒尿。一天，做完广播体操回来，课室里又散发出阵阵难闻但却十分熟悉的味道。坐在课室一角的同学发现地上又湿了一大片，味道就是从那里传来的。那个同学快速以手捂鼻，飞奔到班主任李老师办公室告状：“李老师，有人在教室里撒尿了。”李老师马上察看现场，并迅速把“嫌疑人”陈星带到办公室问询。没有费多大工夫，陈星便坦白交待：原来趁着同学们去做广播体操的空隙，他又浑水摸鱼偷偷回到教室撒起野来。李老师问他为什么这样做，他给出的同样是那个千篇一律而又堂而皇之的理由：厕所里太臭了。李老师问他该怎样处理，他同样不假思索地回答：搞清洁、写检讨、见家长。可是“三板斧”过后仍然“涛声依旧”。

陈星是一个好勇斗狠的学生——打架对于他来说简直是家常便饭。这天下午，刘亮满嘴鲜血地走进了办公室。李老师一见，赶忙打开药箱，拿出棉签、消毒水帮他处理伤口。刘亮的嘴裂开了一道大口子，血汩汩地往外涌。处理好伤口，李老师马上询问事情的原因。刘亮一边擦着眼泪，一边哭诉道："陈星看中了我手上的魔方，想把它据为己有。我坚决不给，陈星便使用暴力手段来抢，对我拳打脚踢，大打出手。"李老师一听又是陈星，不禁怒火中烧：昨天才打完架，还口口声声反复保证要改，没想到这么快又忘得一干二净了。陈星很快便在李老师面前认错，态度还是一如既往的"真诚"，可谁敢保证明天他的铁拳不会又伸向别的同学呢？

陈星还是一个满嘴脏话的学生。他口吐脏话不分时间、不分场合、不分对象，想说就说，简直是随心所欲、信手拈来。课堂上，他经常在老师提问或同学们回答问题时毫无征兆地插进一连串脏话，甚至还发出一些怪声怪叫，好好的一堂课就这样被他影响。下课后，只要对谁有点看不顺眼，他便把"脏水"随意地泼洒到那个同学的身上。甚至在老师面前，他都无所顾忌，肆无忌惮地任意发射"脏弹"，连老师们都觉得那些话语不堪入耳，但他却若无其事地滔滔不绝。

为了改变这个屡教不改的学生，班主任及任课老师绞尽脑汁，使出了浑身解数。先是和风细雨的教育，但这点毛毛雨根本起不到任何润物无声的作用，只是变成一阵轻烟在他面前消失了。既然他不吃软的，那就只能来硬的。于是，"狂风暴雨""雷鸣闪电"便时常出现在课堂和办公室。班主任及任课老师使出练就了几十年的"狮子吼"，结果还是铩羽而归。老师们接着使出常用的制胜法宝——见家长，可陈星的家长就算是把办公室的门槛踏破、椅子坐穿，陈星依然不改。老师们最后迫不得已使出全校公开批评、记大过，甚至停学的手段，可结果还是竹篮打水一场空。

面对这个让任课老师、班主任、学校领导以及家长都束手无策的学生，作为"有幸"参与"降服"他的工作的一员，我也感到有心无力，最后只能安慰老师们：他还是小孩子，教育急不得，只能慢慢来。如果他没有做得太离谱，我们就睁一只眼、闭一只眼算了。可就在我想放弃的时候，一个偶然的机会却让事情有了转机。

这天，班主任李老师又拿着陈星的“罪状书”并捉住他来我面前告状。这是一页写满了密密麻麻文字的纸，上面列举了陈星的种种“罪行”，其实还是打架、讲脏话、在教室撒尿、乱丢垃圾等熟悉的内容。我漫不经心地看了看这张纸，然后苦笑着对李老师说：“李老师，你写的字还挺漂亮的。”李老师连忙纠正道：“孟校长，这字不是我写的，是陈星写的。”我不禁有点惊讶：“真的是陈星写的？”“对，是他写的。”我于是认真地看了起来，字写得十分工整，章法整齐，笔画有力，锋芒毕露，怎么也不像是一个四年级的小学生能够写出来的。

我望了这让人头疼的学生一眼，问道：“这个字真的是你写的？”陈星挺了挺胸膛自豪地说：“肯定是我写的，我每个星期六还要去练习书法呢！”“原来这小家伙也不是一无是处。”我不由自主地对他产生了一点刮目相看的感觉。我灵光一闪，心里冒出一个主意。我说：“陈星，学校马上就要举行书法比赛了，你想不想参加？”陈星一听，眼里放射出珍珠般的光芒，回答道：“想！”我继续鼓励道：“我看你这字参加比赛肯定能够获奖，那个时候你就可以为自己、为父母争光了。但我有一个条件，你只有在比赛开始前遵守纪律，不再打架、不再讲脏话、不再捣乱课堂，我才允许你参加比赛。”

陈星听了我的话后把头点得像小鸡啄食一般，那高兴的劲头就好像已经拿到了大奖似的。虽然每次犯错后他都很“虚心”地接受教育和处罚，但每次结果还是雷声大雨点小，可是这次我对纠正他的不良品行却有了前所未有的信心。因为现在突然发现了他的闪光点，就好像黑暗之中忽然闪过一道亮光，让我找到了“绝境逢生”的方向。

我决定趁热打铁，对陈星的班主任说道：“李老师，你看陈星这难得的一手好字，以后你就把班里出板报、写宣传标语的任务交给他，让他有一展身手的机会。”班主任李老师自然领悟到我的意图，立刻表态一定要给陈星露一手的机会。

最后，我还装作有点惋惜的样子对陈星说：“常言道‘字如其人’，你的字写得那么漂亮，按道理你应该是一个通情达理、懂事听话的好孩子才对，可你为什么偏偏就是一个调皮捣蛋的孩子呢？可惜，太可惜了！”陈星以前所未有的坚定语气说：“孟校长，我一定改！”

望着陈星远去的背影，我心里真有一种踏破铁鞋无觅处，得来全不费功夫的感觉。虽然陈星的改变不可能一蹴而就，但最起码我们已经找到了突破口。相信假以时日，他会给每个人带来意想不到的惊喜。

十六

教师要学会笔下留情

“孟校长，我要投诉我儿子的班主任李云霞（化名），有她那么写评语的吗？我的儿子才读三年级，小小年纪便给他定下这样的结论，这对他自尊心的伤害有多大啊！这两天我的儿子已经开始不吃不喝了，整天哭哭啼啼。”这天早上，我刚回到办公室，还未来得及喝口水，一位家长便怒气冲冲地走进来说道。

“您别急，慢慢说，究竟是怎么一回事？”我心平气和地说道。

“您看看这个，看里面写的都是什么!”家长边说边递上一份素质报告册。

我接过来一看，只见在学生评语栏上班主任用工整的字体写着几行字：“冯文浩（化名）同学思想品德差，纪律散漫，不服管教，屡劝不改；自私自利，没有集体观念；缺乏自觉性和刻苦精神，学习成绩差。”每一个字都像揭疮疤似的，把孩子批评得体无完肤，难怪家长看了会暴跳如雷。

我看了也觉得李云霞老师的评语有点用力过猛了。于是，我安慰家长道：“这评语对孩子来说的确有点过于严苛，但我相信老师这样说话也是事出有因。”

冯文浩的家长打断道：“我儿子纪律是差，成绩是差，但他毕竟是三年级的孩子，教师不应该过早下这么重的结论，尤其是说他思想品德差，我坚决不认同！”

我说道：“这中间可能有什么误会。李云霞老师是位年轻的新老师，可能考虑问题不够全面，我找她过来问问，了解一下情况。”

很快，李云霞老师便被请到了校长办公室。我把事情的来龙去脉作了说明。李云霞老师便一五一十地历数冯文浩的“罪状”。原来，冯文浩经常打架斗殴，以大欺小，动不动就对同学拳脚相向；爱讲粗言秽语，爱乱扔垃圾，爱随地吐痰；班级在文明班评比中经常因为他不守纪律、不配戴红领巾、不穿校服而被扣分；他学习成绩不好，经常不交作业，上课还捣乱。李云霞老师列举了两件令人哭笑不得的事例。冯文浩的数学成绩相对较好，他上数学课也比较认真，也较少捣乱。于是，数学老师便问他为什么不每科都认真学习，他便有理有据地说道：“我不出国，英语根本用不上，所以不学；语文太麻烦，老是背背背、抄抄抄，所以不爱；数学有点用，对以后生活有点帮助，所以学点。”一番“歪理”真让人忍俊不禁。还有一件事，有一次，班主任劝他遵守纪律，认真学习，他听多了便觉得烦了，最后竟威胁道：“李老师，你信不信我让我舅舅炒你鱿鱼？”原来，他的舅舅是镇政府负责管理文教工作的领导。没想到他小小年纪便懂得“以权谋私”了。

最后，李云霞老师说道：“孟校长，我都是实话实说。他的确方方面面都存在问题。”

冯文浩的家长不服气地说道：“李老师，你说的是事实，我儿子是比较顽皮。但他毕竟是三年级的孩子，还不懂事，还有很大的转变空间。你作为老师，不是应该多包容学生的错误吗？你这么早便对他下了这么重的结论，对他幼小的心灵造成的伤害可想而知。”

李云霞老师还想分辩几句，我赶紧说道：“李老师，我看这样的评语的确有点过重，毕竟还是小孩子，可塑性还很强，这样吧，你把评语改改，多用点鼓励的语言，好吗？”

我接着对冯文浩的家长说：“你回去也要借这个机会好好教育孩子，让他改掉坏毛病。”

最后，双方握手言和。

经过这次事件，我也加强了对学生评语的管理。我提醒各位班主任在写评语时要注意挖掘学生的闪光点，多表扬鼓励，带着发展的眼光看待学生，批评学生的缺点时要注意语气，不要用力过猛。

十七

教师要明白语言的魅力

陈间开老师怎么也没有想到自己不经意间的一句话，居然可以改变一个大家公认的“后进生”。

本学期，陈间开老师新接手四（2）班的数学课，对学生的情况暂时还不了解。开学第一节数学课，学生都听得十分认真，课堂纪律出奇得好。师生配合默契，一问一答，气氛活跃。望着这群听话好学的“乖孩子”，陈间开老师心里甜得像蜜糖一样，于是，她舌灿莲花，毫不吝惜地说了许多溢美之词。不是表扬某某同学坐得端正，就是表扬某某同学回答问题声音响亮。在一番表扬后，学生表现得更加优秀了。这时，她发现有一个同学每次听到老师表扬其他同学后都笑得特别甜，那样子十分可爱。于是，她就决定顺水推舟，夸一夸这位同学。她说：“同学们，你们有没有发现你们班中有一位同学笑起来的样子像一朵盛开的鲜花，实在太让人喜爱了，他就是这位男同学。”说完就用手指了指坐在第二排第三个座位的一个男孩子。同学们异口同声地回答说：“罗家伟（化名）！”原来他叫罗家伟，陈间开老师一下记住了这个名字。罗家伟听了老师的表扬后，脸有点红，学习的劲头更足了，整节课都争着举手回答问题。

下课了，当陈间开老师准备收拾教具回办公室的时候，罗家伟一个箭步走上讲台，夺过她手中的教具说："陈老师，以后我帮你把教具送回办公室。"陈间开老师高兴地摸了摸他的头说："好啊，谢谢你。"罗家伟便像中了奖似的开心地接受了任务。之后每节课下课后，他都第一时间帮陈间开老师收拾教具、关多媒体平台。陈间开老师对此非常欣慰。

这天，四（2）班班主任兼语文老师张新月对着陈间开老师大吐苦水："陈老师，罗家伟上课老是捣乱，开小差，注意力不集中，还经常不交作业，成绩也一塌糊涂，不知在你的数学课上他表现得怎么样。听以前的老师讲，罗家伟每一科成绩都很差，每一位老师都很害怕教他。"

陈间开老师有点疑惑地说道："罗家伟在我数学课上一直表现得很好，积极思考问题，积极举手发言，作业也一直写得工工整整，每一次都按时上交。你不说，我还以为他对待每一科都很积极呢。"

这时，英语老师郭文英也插嘴道："罗家伟上我的课也爱捣乱，作业也经常不交，成绩也不好。怕是你用了什么好办法使他转变了？"

张新月老师接着道："陈老师，你有好办法就介绍介绍，我对他实在是束手无策了。"

陈间开老师回答道："这就奇怪了，我真的没有对他做过什么，他一开始就是这个样子的，可能他对数学比较有兴趣吧。"

"才不是呢，以前的数学老师都对他'举手投降'了!"郭文英老师肯定地回答道。

陈间开老师更是丈二和尚——摸不着头脑了，她把自己的言行都想了一遍，但好像没有对罗家伟做过什么特殊的教育，难道就是因为开学第一节课对他的表扬？于是，她就把那天赞美罗家伟的情形说了一遍，两位老师听了都觉得不可思议。他们也表扬过他很多次，但每一次都没有一点效果。

带着疑问，陈间开老师开始重新观察罗家伟这个学生。可他根本不像语文、英语两位任课老师说的那样会捣乱课堂。每次上数学课他都坐得端端正正，全神贯注地听课，积极举手发言，不像是一个没有规矩的学生。他的作业更是写得工工整整，从来没有缺交过一次。更重要的是他还会关心体贴老师，简直是老师的贴心“小棉袄”。

有一次，陈间开老师患了感冒，嗓子变得沙哑。她勉强支撑着去上课，声音自然有点低。这时，有几个同学在下面窃窃私语。陈间开老师刚想提出批评，没想到罗家伟却先出言制止了：“你们几个不要说话，影响老师上课，没看到老师不舒服吗？”那几个同学马上禁声了。陈间开老师感到十分欣慰。更没想到的是，下午刚回到办公室，罗家伟便走了进来，手里还拿着一包东西。他递给陈间开老师说：“这是润喉糖和琵琶膏，对嗓子有帮助，吃了声音就不会沙哑了。”陈间开老师当时便感动得眼圈有点红了：多么懂事的一个孩子啊！

她拉着罗家伟的手说：“谢谢你！不过老师有问题想问你，你为什么对数学老师这么好？为什么这么爱上数学课？为什么不能像上数学课一样去上语文课、英语课呢？”

罗家伟毫不隐瞒地说：“老师，我就是只喜欢你的数学课，你赞美我笑得甜的话我永远记在心里，我也要让老师在我面前笑得甜滋滋的。”

听了罗家伟的话，陈间开老师恍然大悟，原来他之所以有翻天覆地的变化，仅仅是因为自己无意中的一句话。可见教师语言对学生有何等巨大的影响！俗话说：“东西可以乱吃，话不可以乱说。”教师作为人类灵魂的工程师，更要谨言慎行，说不定一句看似不经意的话，一个随意的细微动作，就有可能改变学生的一生。可为什么平时有的教师对学生不吝惜溢美之词，但却收效甚微呢？这当中也涉及一个时机的问题，时机不当，任何表扬的话都是空话。如何把握教育的时机亦值得我们深思，有时很可能会有意栽花花不开，无心插柳柳成荫。

十八

教师要掌握成功的钥匙

两年一度的区小学语文教师专业素养比赛又吹响了集结号。它不同于一般的教学比赛，分“讲演故事”“书写展示”“才艺表演”“课堂教学展示”四部分，因此，对参赛选手的专业素养要求极高。为了能在这一项重大的赛事上取得优异的成绩，我指示教导处全力以赴挑选最优秀的教师参加比赛，力争取得优异的成绩。教导处副校长冯绍明和分管语文学科的副主任莫冬梅马上进行了商讨，决定成立由冯绍明副校长任组长、莫冬梅副主任任副组长、三位语文科组长为成员的语文教师专业素养大赛工作领导小组。

这天，语文教师专业素养大赛工作领导小组召开了第一次会议，主要商讨参赛老师的选拔问题。刚开始，大家都倾向于通过举行校内选拔赛的方式挑选参赛选手，因为这样一来可以通过选拔赛促进老师们专业素养的提高，也给老师们提供一个公平竞争的平台，同时达到以赛代练的效果。但考虑到镇选拔赛已经迫在眉睫，若是举行校内选拔赛，根本没有时间让老师们好好准备镇选拔赛，如果连镇选拔赛都不能通过，区比赛只能是空中楼阁。最终还是决定用推荐的方式选人。经过反复的海选，焦点慢慢落到几位老师的身上，最后再经过一番优中选优，大家一致决定推举三年级语文老师张琳参加比赛。张琳老师还不到三十岁，年轻有活力，基本功扎实，尤其在讲演方面特别出色，最近还获得了校内朗读比赛的一等奖。综合各方面的因素，大家最终认为她是最合适的人选。

会议结束后，莫冬梅副主任马上找来了张琳老师进行谈话，把研究的结果向她进行了通报。张琳老师一听，紧张地说道："莫主任，我从没参加过这么重大的比赛，而且我也没有什么才艺，我担心自己没有竞争力。"

莫冬梅副主任笑着安慰道："张老师，你不用担心，你不是孤军奋战，我们会组织最精干的力量帮助你。至于才艺方面，可以练。你这么年轻，这可是一次提升专业能力的机会，同时也是为自己积累成绩、为学校争光的好机会，你可千万不要放弃啊！"

听了莫冬梅副主任的话，张琳老师低头沉思了很久，最后还是接受了任务。她说："莫主任，你们可一定要帮助我啊！"

莫冬梅副主任点点头说："那是必须的！"

由于距镇选拔赛不到一个月，而且镇选拔赛只考两项技能，一是粉笔字展示，二是课堂教学，所以，莫冬梅副主任决定让张琳老师集中火力攻下这两座堡垒。为了能让张琳老师的粉笔字在短时间内有一个质的提升，莫冬梅副主任决定抽调美术组的书法高手黄卫枫老师对她进行专业的指导。黄卫枫老师首先对张琳老师写的粉笔字进行了一番细致入微的评价，指出张老师在笔画、结构、排版等方面存在的问题，然后为她制订了短时间快速提高的方案。他每天亲自示范，手把手地进行教学，张琳老师的粉笔字很快便有了明显的提升。

在苦练粉笔字的同时，课堂教学的准备工作也如火如荼地展开了。选择什么样的教学内容才能发挥出张琳老师最佳的教学水平，是领导小组迫切需要考虑的第一个问题。低、中、高段三个语文科组长都提出了自己的意见。经过反复的权衡，最后，大家决定采纳高段语文科组长林燕芬老师提出的主题拓展——预测的乐趣。林燕芬老师有着丰富的语文教学经验，经她指导的老师都能取得优异的成绩，她对教学设计有自己独到的见解，因此，教学设计的重任自然落到了她的身上，由她亲自操刀。林燕芬老师不负重托，经过大量查阅资料，结合自己丰富的经验，她很快写出一份教学设计的初稿。初稿完成后，领导小组全体成员又再次召开会议进行研讨修改。大家各抒己见，对每一个细节都进行了深入的讨论，最终，一份集合集体智慧的教学设计基本定稿了。

制定好教学设计，接下来便是马不停蹄地进行课件的制作和教具的准备。三位语文科组长分工合作，有的找图片，有的找视频，有的找音乐。遇到技术上的难题，还请来了学校的课件制作专家林升华老师进行专业的指导。最终，一个精美的课件完成了。与此同时，学校还请来了教具制作专家谢红群老师帮忙剪头饰、剪标语，经过一番精心设计后，所需的教具都准备好了。

教学设计、课件和教具都准备好了，接下来，便轮到主角张琳老师闪亮登场了。试教是决定比赛成绩最重要的一个环节，同时也是最折磨人的一个环节。它需要在上课、修改、再上课、再修改中进行多次循环。它不但耗费时间，而且极度耗费精力。为了能上好试教课，上课前，张琳老师花了大量的时间背教案。教案写得极为详细，其中每一个字都要背诵。背熟教案后，张琳老师便开始正式进行试教。领导小组成员又全部集中到教室里听课，每一个人都认真地做着笔记，把发现的每一个问题都做了详细的记录。试教结束后，全体成员集中到研讨室，对张琳老师上课的情况进行了详细的评价。细节决定成败，每一个细微之处都不放过。大家从教态、语言、板书、组织、激励等方面进行了深入细致的指导。指导完毕后，第二天又继续试教。经过近十次的试教后，全体成员才满意。

这天，镇选拔赛终于拉开帷幕。比赛的地点就设在清新区山塘镇中心小学的录播室。张琳老师占有主场之利，录播室里早早就坐满了前来观赛的老师。比赛的第一个环节便是粉笔字书写，参赛选手个个镇定自若，笔走龙蛇，五分钟后，一幅幅作品便摆在了评委的面前。经过评委的打分，张琳老师的粉笔字先拔头筹，室内顿时响起热烈的掌声。接着便是重头戏上演——课堂教学展示。张琳老师抽到了最后一轮，很多人都感叹她运气不好——最后一轮的打分往往不会太高。尤其是看了其他参赛选手的精彩表现后，大家都觉得张琳教师晋级有点悬。终于等到张琳老师登场了，只见她一举手一投足都充满着大将风度，语言清晰准确，教态亲切自然，教学组织行云流水，学生思维活跃，课堂气氛热烈，高潮一浪接一浪。教师们听得如痴如醉，都被张琳老师高超的教学技巧和出色的课堂驾驭能力折服。最后，尽管强手如林，张琳老师仍突围而出，成功夺得参加区赛的资格。领导小组全体成员情不自禁地互相击掌庆祝。

镇里的比赛就已经强手如林，区里的比赛更是高手云集。为了取得佳绩，领导小组和张琳老师还来不及喘口气，就马不停蹄地投入区赛的准备。区赛增加了两个环节，分别是故事演讲和才艺表演。故事演讲是张琳老师最擅长的项目，但她也丝毫不敢马虎大意。经过与领导小组成员的商议，最终决定讲演《雪孩子》这个故事。专业人办专业事，在这个环节，学校请了音乐组演讲故事最出色的罗丽敏老师对张琳老师从发音、配乐、动作、表情等方方面面进行了指导和设计，最终获得了让人满意的效果。可是，最令人头痛的还是才艺展示。有的成员提议展示书法，但张琳老师说没练过；有的成员提议跳舞，但张琳老师说没功底；有的成员提议唱歌，但张琳老师说五音不全……否决了一系列的提议后，才艺展示环节一下子陷入了困境。最后，还是提议从张琳老师的长处入手，决定朗读《琵琶行》。于是，全体成员又从配乐、服饰、舞美、背景等方面进行设计和准备。幸好学校各类型的人才都有，大家分工合作，很快一切便准备妥当。接下来是漫长的排练，修改，再排练，再修改，一直到比赛开始前一天大家仍在紧张准备。张琳老师每天除了上课外，所有的时间都花在了准备上。一会讲演故事，一会练粉笔字，一会练习才艺，一会上试教课，晚上还要不停地背诵教案。每一天都像陀螺般不停运转。

区小学语文教师专业素养比赛终于开始了。十几位参赛选手各自拿出自己精心准备的节目在台上比拼。比赛精彩纷呈，让人目不暇接。最终经过紧张的角逐，张琳老师获得了大赛一等奖。望着这张凝聚了集体智慧、力量和汗水的奖状，所有人都激动不已。

十九

教师要摘掉有色眼镜

这天，副校长冯绍明手机里收到了一段学生家长发过来的视频。视频里五个孩子并排靠在墙边站立，每个人手里都拿着一本练习册，画面里传来一阵老师严厉的批评声，历数每一个孩子的“罪状”。视频里面每个孩子都是学习上的“顽固分子”：不交作业，不及时改正错误，上课乱讲话、搞小动作、开小差……被批评的学生表情各异，有的欲哭无泪，有的表情像石头一样僵硬，有的泪雨滂沱……虽然没有出现在画面中，但从声音便很容易判断出这位老师是三（2）班的数学老师陈月可。陈月可老师是一位有近三十年教龄的教师，她教学经验丰富，教学能力强，教学成绩突出，是学校有名的“老黄牛”，可为什么还会犯下如此低级的错误呢？于是，冯绍明副校长把陈月可老师请到了办公室。

“陈老师，这段视频是你发的吗？”冯绍明副校长打开视频让陈月可老师看了一遍。陈月可老师看完后说道：“冯校长，这段视频是我发在班群里的，有什么问题吗？我只是想引起家长对孩子学习上的重视，这几个孩子太离谱了，屡教不改，不曝光一下，他们永远不会改正。”

冯绍明副校长看到陈月可老师还没认识到问题的严重性，便语重心长地分析道：“陈老师，你的出发点没错，但用错了方式方法，你录制的这段视频如果单独发给对应的学生家长，那可能造成的影响没那么大，但现在却发到班群里，让几十个家长和学生进行围观，对受批评的学生来说就有种被‘示众’的味道了。树要皮，人要脸，你叫家长的面子往哪里放呢？”

“冯校长，我想要的就是这种效果，这些家长每次都不配合老师做好孩子的督促工作，我想让他们出出丑，他们就不会放任不管了。”陈月可老师还在据理力争。

冯绍明副校长继续耐心地分析道：“陈老师，你是有着丰富经验的教师，什么样的孩子没见过？学生不做作业，不认真上课，你认为仅仅靠家长的督促就能转变吗？没有希望自己的孩子不好好学习的家长，有些家长不是不想管，而是无能为力。你现在用视频曝光的方式去警示家长只会适得其反，引起家长对你工作方式的反感，他们反而不会主动配合你的工作。你采用视频曝光的方法教育孩子，理解你的家长会认为你认真负责，是一位尽职尽责的好老师；但不理解你的家长会认为你黔驴技穷，教学无能。另外，从保护自身的角度考虑，你这样做也会授人以柄。现在的孩子心灵那么脆弱，新闻里不是经常报道有孩子因为一句批评的话而做出过激的行为吗？万一有些孩子接受不了你这样的处理方式，做出同样极端的行为，那个时候就无法挽回了。现在已经有家长扬言如果你再发这样的视频，他们就会去教育局投诉你！”

陈月可老师见冯绍明副校长分析得头头是道、合情合理，开始认识到自己的做法的确有不妥当的地方，她心悦诚服地问道：“冯校长，您认为我现在应该怎样做才合适呢？”

冯绍明副校长道：“你首先要保证以后再也不发这种伤害孩子和家长自尊心的视频，然后单独打电话向家长道歉和解释，最后做好这几个孩子的心理疏导工作。不知道你能不能够做得到？”

“冯校长，我可以做得到！”陈月可老师保证道。

“陈老师，我有一个建议不知道你愿不愿意听？”冯绍明副校长微笑道。

陈月可老师连忙说：“请讲，我一定听！”

“陈老师，其实每个家长都喜欢老师表扬自己的孩子，你不如反其道而行之，寻找这几个孩子的闪光点并在班群里对他们进行表扬，说不定会收到意想不到的效果。”冯绍明副校长继续道。

“可我实在找不出这几个孩子有哪些闪光点。”陈月可老师迟疑道。

冯绍明副校长正色道：“陈老师，正所谓‘金无足赤，人无完人’。每个人都会有优缺点，我们只要带着放大镜去看待学生，就不可能找不到学生的优点。”

陈月可老师想了想，说道：“冯校长，您说得也有道理，如果不戴着有色眼镜去看待这些学生，不只看他们的学习成绩，他们还是有不少闪光点的。好，我回去试一试，谢谢您！”

送走了陈月可老师，冯绍明副校长也陷入了深深的沉思。的确，每个班级中都不同程度地存在学习或纪律上的“顽固分子”。对于这些学生，教师往往感到束手无策。不管吧，他们成绩只会更加没有起色，教师自身的责任心也会受到谴责；严管吧，又怕把握不准教育的分寸，引起家长的误解和反对。但不管怎么样，在教育学生的时候，一定要尊重学生的人格，不能做出侮辱学生人格尊严的行为，毕竟学生的身心健康成长才是最重要的。用极端的方法惩罚极端的行为，相当于以暴制暴，只会把人引向更极端的程度。教育是一门艺术，是一汪深不可测的潭水，作为教育工作者，我们每走一步都必须小心谨慎，不得有半点头脑发热，否则很容易把育人工程变成毁人工程。

二十

教师要学会接受挫折

经过几天的说服教育，不绝于耳的鞭炮声终于在校园内销声匿迹了，可“顽童”们总会找到撒欢的地方，校门外一字排列的商铺门前成了他们放鞭炮的主战场。商家的逐利放纵了孩子们的野性，他们在商家的“包庇”和纵容下玩得更疯狂了，震耳欲聋的爆炸声夹杂着浓烈的硝烟味道，似乎在肆无忌惮地叫嚣着：来吧，看学校能把我怎样！

为了彻底杜绝这种危险的行为，我决定使出惯用的“杀手锏”——杀鸡儆猴。中午1时20分，离开校门的时间还有10分钟，校门外早已热闹非凡。商铺里挤满了像小鸟般活蹦乱跳、叽叽喳喳的孩子，商家们自然忙得像陀螺般飞速运转，但无不笑靥如花。琳琅满目的商品中自然少不了“顽童”们的最爱——鞭炮，他们果然毫不犹豫地向鞭炮伸出了手。不一会，噼噼啪啪的鞭炮声穿过了嘈杂的人声、轰鸣的汽车声，像子弹般飞越空荡荡的校园“射”进我的耳朵里，似乎在提醒我——该出手了！

我如弹簧般从椅子上弹起，疾步冲出办公室，疾风般穿越宽阔的广场，悄无声息地来到了校门东侧，隐藏在一棵粗壮的樟树后面，透过铁栅栏的缝隙像猫头鹰般搜寻着猎物。猎物毫不费力地被锁定了，正前方几米外的一间商铺门前，几个学生围成一圈，正在旁若无人地燃放着鞭炮，震耳的响声不断地从人缝中传出，地上还腾起一阵阵白烟。

为了不打草惊蛇，我决定“擒贼先擒王”。一个明显高出一大截，身穿黑色夹克，短发圆脸的男孩成了我重点“抓捕”的目标。“铃铃铃……”急促的电铃声终于响起，电动闸门也徐徐地打开，孩子们像潮水般涌进了校园。幸好这几个小家伙没有急着往校门冲，要不然就会让他们浑水摸鱼，趁机逃脱了。十分钟后，人流渐渐稀少，这几个小家伙也终于“弹尽粮绝”了，于是混在三三两两进校的队伍中慢慢地向校门走来。我目不转睛地盯着那个穿黑色夹克的小男孩，生怕一眨眼让他给溜走了。他终于推着自行车慢慢地走进了校门。我疾步上前，抬起右手指着他，用不容置疑的语气说：

“你站着！我亲眼看到你在放鞭炮，你是几年级几班的？叫什么名字？”

我知道有的孩子挺“狡猾”，没证据他是不会承认的，于是便使出先声夺人的招数。

我突如其来的出现把黑衣男孩吓了一跳。他停住了脚步，双手握住车把，站直身子，抬起头，睁大眼睛怔怔地望着我，眼神里流露出疑惑、愕然和一丝恐惧。我也为自己的先见之明而自鸣得意：“看你还敢耍什么花样！”

短暂对峙了几秒钟后，忽然，小男孩像如梦方醒般，目光一闪，嘴角轻轻地抖动，脸一阵青一阵白，像被针刺般叫道：

“老师，你看错人了！我刚才只是在买东西，我没放鞭炮！”

他的叫声引来了一些学生的驻足观看。看着他怒目圆睁、理直气壮的神情，我有点动摇了：“难道我看错了？不可能，我明明看得清清楚楚，这真是个‘狡猾’的家伙。”

“不可能，我一直盯着你，你是和另外三个人围在一起放的。”我还是不松口，不过语气变得有些犹豫了。

看我还是咬着他不放，小男孩变得狂躁起来，脸涨红得像灯笼，眼睛睁得像铜铃。他继续高声抗争着：

“老师，你肯定认错人了！不信，你可以问问我的同学，他们可以作证！”

看着他信誓旦旦的样子，我开始怀疑自己的判断了。刚巧，值日生拿着违纪登记本站到我的身旁。于是，我用平缓的语气对小男孩说：

“既然你不承认，那就先把名字登记了，我会继续调查。”

没想到这小家伙也挺“顽固”的，除了不停地申诉着“冤情”外，不管我如何三番四次地追问，他就是不肯说出自己的名字，就像名字被锁到了保险箱里似的。看着他负隅顽抗，而旁边还站着一群看热闹的学生，我有些生气了。

于是我加重了语气：“你不敢报上姓名，不正好证明你心虚吗？如果不说出来，我就不让你离开！”

见我还是不相信他，小男孩低下头，不再作声，师生之间陷入了僵持的局面。当我正在思索着如何寻找突破口之际，让人目瞪口呆的一幕出现了。

突然，他用右手狠狠地拍打自行车坐垫，高昂起头，双目喷射出灼人的“火焰”，像一头愤怒的狮子向我喊道：“你居然敢冤枉我？我说没有就没有！”那悲愤的样子简直要六月飞霜了！

一切来得太突然了，他的话犹如一记重锤无情地砸在我的身上，我觉得自己的心脏瞬间就要爆炸了，一股滚烫的热流瞬间往脑门上冲，脸瞬间像涂满了火红的辣椒，全身也开始不停地发抖。围观的孩子们也被吓傻了，呆呆地望着眼前发生的一幕。我差点想动手，但心里有一个声音在制止我：“你是老师，可千万不能打学生啊！”我强压心中的怒火，用颤抖的声音厉声地警告他：“你怎能口出狂言呢？就算我冤枉了你，你也不能侮辱老师，毕竟我是你的长辈，更何况我只是在作登记调查。你太不像话了！你不报上名字，就休想离开！”

本以为他会惧怕老师的威严，低头认错，没想到更令人震撼的一幕发生了。只见他双手紧握车把，用力一揪，人和车子进行了一百八十度的大转身，然后一步跨上坐垫，骑着车子像箭一般往校外冲去，还声嘶力竭地喊着：“我是六（8）班的徐浩（化名），你冤枉我，我不上学了！我要回家告诉爸爸！”

来不及反应的我只能眼巴巴地目送着他迅速地消失了。在场的所有人都震惊了，像木头人般呆立着，眼前的一幕让人难以置信。

稍微平复了一下情绪，一股巨大的恐惧感涌进心窝：“假如他在回家的途中出了车祸怎么办？假如他想不开做了傻事怎么办？假如家长来学校兴师问罪怎么办……”想到这些，我不寒而栗。一幕幕恐怖的画面像放电影般不停地在脑海中闪动：媒体的“长枪短炮”把我包围得密不透风；孩子的父母撕扯着我，找我要儿子；家长们指着我的鼻梁责问我；同行们指着我的脊骨唾弃我；我双手戴着手铐，端坐在被告席上接受法官正义的审判……

太可怕了，我全身不由自主地长满了鸡皮疙瘩。我不敢再想下去，我要想办法弥补我的“错误”，心里同时涌起一阵阵的懊悔：“谁叫我多管闲事呢？反正他们是在外面放鞭炮，我何必要‘惹祸’上身呢？”

我箭一般地冲到六年级的办公室，找到了他的班主任。喘着粗气简单地讲述了事件的来龙去脉，并要求班主任马上给学生家长打电话。偏偏班主任又是个“慢郎中”，折腾了好一会才找到了电话号码，直把我急出了一身冷汗。

电话终于接通，孩子也平安回到了家里，我预感的恐怖事件也终于没有发生，这时候，压在心头的大石才稍稍减轻。我从班主任手上接过电话，把事情的经过详细地向家长作了陈述，家长一边听，一边笑着向我解释：“老师，我这孩子就是牛脾气，在家里也一样。谁要是冤枉了他，他非闹翻天不可……明天我就让他回来上学！”电话持续了二十多分钟，家长始终偏袒着他的孩子，没有说过一句道歉的话。

放下电话，我像虚脱般瘫坐在椅子上。虽然一切又恢复了平静，暴风雨也终于没有降临，但我心里却始终波涛汹涌："我无意伤害'花朵'，但'花朵'成长的路上不可能总是风平浪静。经不起一丝风雨洗礼的'花朵'，最终能健康绽放，散发出迷人的芬芳吗？虽然这次事件让我经受了一些挫折，但为了帮助'花朵'们更好地成长，我依旧会不忘初心，坦然接受挫折，继续在教育之路上披荆斩棘。"

二十一

教师要在学生的“狂飚”中保持冷静

课堂上有几个学生闹矛盾，终于下课了，我把几个“涉案人员”请进了办公室，开始“升堂审案”。我认为凭着多年的“断案”经验，这种陈芝麻烂谷子的事对我来说简直是小菜一碟，真相很快会水落石出。谁曾想却“阴沟里翻船”，引发了一场前所未有的强烈“地震”。

我先向“原告”询问道：“何洁（化名），你说说究竟是怎么一回事？”何洁是一位“铁齿铜牙”的女孩子，可惜“利箭”总是射错靶心，今天又是由她打响了“舌战”的第一枪。她理直气壮道：“周杰（化名）拿了我的笔盒，难道我不该向他要吗？”“我没拿你的笔盒，是罗豪（化名）丢给我的！”我还没来得及说话，“惯犯”周杰便迫不及待地为自己辩解起来。周杰是全校闻名的“捣蛋大王”，他不仅视学业如同浮云和空气，而且总爱“大闹天宫”。课堂上，教师转身奋笔疾书时，便是他大显身手的“黄金档期”。他常常以迅雷不及掩耳之势对“左邻右舍”发动“偷袭”——拍脑打手、抢书夺笔、踢脚推桌，花样百出。结果惹得同学们投诉声此起彼伏，课堂常常乱成了一锅粥。逼不得已，我向全班公布了一条“禁令”——

上课时不准“告状”，下课后才“开庭”。今天周杰又故技重演，藏着何洁的笔盒不还；偏偏何洁也丝毫不退让，惹得同样“唯恐天下不乱”的罗豪和刘健（化名）也趁机加入了“战场”。

为了不使这种司空见惯的“小插曲”浪费大家宝贵的学习时间，我只好反复地向他们亮起“红灯”，好不容易才熬到了下课。听了周杰的诡辩，我压着心头怒火说：“就算是罗豪丢给你的，你还给何洁不就相安无事了吗？”“你老针对我干什么？又不是我先做错的……”没想到周杰却突然发飙，双拳紧握，挺起胸膛，咬牙切齿地瞪着我。面对他嚣张的气焰，我真想下一场暴雨帮他熄熄火，但还是把“雨水”强行吞进了肚子里——让火先烧烧。我继续对何洁说：“周杰也不是第一次拿你的东西了，我不是告诉你下课再处理吗？”没想到何洁突然像被黄蜂扎了一下似的尖叫起来：“老师，我担心他把我最心爱的笔盒弄坏，我才急着要拿回，难道这样都有错吗？”豆大的泪珠从何洁的眼眶里滑落。我一下子蒙了：“今天踩上‘地雷’了，还是等‘雨停’再审吧！”我把目光转向了刘健：“刘健，他们的事应该与你无关吧？”“我帮何洁讨回失物，难道不行吗？”没想到刘健立刻挺胸抬头，义正词严地反戈一击。“看来都是罗豪惹的祸！”我没好气地对罗豪说：“你为什么要拿何洁的笔盒？为什么又要丢给周杰呢？”只见话音刚落，罗豪立刻像被电击雷劈似的，全身像筛糠般地颤抖起来，使劲挺直腰杆，拼命伸长脖子，用力紧闭双眼，仰天号啕大哭：“老师你冤枉我，你为什么不听我解释……我只不过好奇，想拿来看看……看完想还给何洁，谁知却不小心丢给了周杰……呜……呜……呜……”那哭叫声简直“惊天动地”“气壮山河”。顿时，办公室里“飞沙走石”“电闪雷鸣”“怨气冲天”，仿佛一场毁灭地球和人类的暴风雪来临了。我顷刻呆住了，在办公室里批改作业的几个老师也呆住了。

主持公道的“法官”反而成了罪大恶极的“被告”，浑身发抖地坐在“被告席”上接受着四位“原告”的正义审判。周杰“信誓旦旦”地说他没错，因为笔盒不是他主动拿的，况且他只不过是想等到下课再还；何洁“理直气壮”地说她没错，她因为担心最心爱的笔盒被破坏，所以才屡屡冲破“红线”在课堂上就动手解决问题；刘健“慷慨激昂”地说他没错，因为他想打抱不平，替何洁取回公道；罗豪“悲痛欲绝”地说他没错，因为他只是一时好奇才拿笔盒，也是一时失手才未能物归原主。他们每个人都清如水、明如镜，犯下“弥天大罪”的竟是……

在“风霜雨雪”的轮番吹袭下，我感到仿佛掉进了寒冷刺骨的冰窖，只能像霜打的茄子一样一动不动地呆坐在椅子上。幸好几位老师“仗义出手”，经过一番马拉松式的循循善诱后，才把我从“被告席”上拉了下来。虽然最后他们承认了错误，并且向我道了歉，但是这次“风暴”仍让我久久不能忘怀。

韩愈说过，“师者，所以传道受业解惑也”。作为教育工作者，我们在传授学业、解惑释疑的过程中，是否也曾有意或无意地忽略了传授给学生诚实守信、勇于担当、知错能改的做人之道呢？面对“地震”频繁的“小花朵”们，又该怎样应对呢？我不禁掩卷深思。

二十二

教师要善于发现被沙子掩盖的珍珠

周杰（化名）是班上鼎鼎有名的“破坏王”，他的“破坏力”堪比大闹天宫的齐天大圣孙悟空。好端端的一张试卷、一个作业本会被他无缘无故地撕个粉身碎骨；好端端的一支钢笔、一只笔盒会被他心血来潮地拆个四分五裂；好端端的一张桌子、一把椅子会被他突发奇想地剥皮拆骨；好端端的一个同学会被他不明不白地弄个“伤痕累累”——前两天的一记“如来神掌”，就让一个无辜的同学身上肿起了一个“小包”……面对同学们密集如牛毛的“告状声”，我和班主任使尽了十八般武艺，可收效甚微。周杰就像一颗隐藏在身边的“定时炸弹”，随时都有被“点燃引爆”的危险。

最近，教室外墙挂雨伞的钢管被破坏了，墙壁上还留下了几颗长着锋利“牙齿”的螺丝钉——大家想，这说不定就是“破坏王”的“功劳”。由于担心螺丝钉会“咬伤”那些粗心大意的学生，我决定亲自动手“拔牙”。我找来了“手术器械”——钳子和铁锤，经过一番“望、闻、问、切”的“仔细诊断”后，我便双管齐下：钳子拧，锤子砸。可没想到它们却像长着金刚之躯，硬是不肯“松口”。

这时，几个同学围了过来，有的叽叽喳喳地出谋划策，有的干脆抢过工具跃跃欲试，可全都碰了一鼻子灰。“还是让维修工来收拾它吧。”在进退维谷之际我想到了另请“名医”。突然有个同学提议道：“让周杰这个‘破坏王’来吧，他肯定有办法。”“对！对！他干这个最拿手。”旁边的同学也随声附和起来。“行吗？他可是一向有破坏、没建设啊。”我在心里嘀咕着。这时，周杰刚好走过来看“热闹”。“周杰，你来试试！”同学们像盼来救兵似的，还没等我开口便擅自下达了“命令”。周杰二话不说，左手抢过钳子，娴熟地用钳嘴夹住“牙齿”，然后双手握紧钳把，双腿摆个弓箭步，双臂像拔河一样使劲往外拉。好家伙，那颗顽固的“牙齿”居然向外移动了一点。我喜出望外，马上伸出双手握在钳把上。在同学们整齐划一的口令声中，我们“力拔山河”。“咔嚓”一声，“牙齿”被拔了出来。“耶——”同学们瞬间欢呼雀跃起来。我们乘胜追击，照葫芦画瓢地接连拔掉了好几颗，可最后一颗却怎么也不肯“举手投降”。“老师，你走开一点。”周杰松开钳子，右手抡起锤子又快又狠地用力往下砸。“叮当”，铁锤与钉子发生激烈的碰撞。别看他个子不高，但却健壮如虎，力大如牛。他像一位经验丰富的铁匠，上下左右不停地变换着锤打的部位，每一锤都十分精准刚劲，每一锤都弹奏出激越的音符。在一轮狂风暴雨般的打击下，顽固的“敌人”终于彻底放弃了“反抗”，最后被他用钳子乖乖地拔了出来。同学们都情不自禁地拍起了手掌，既是为周杰欢呼，也是为自己的慧眼识珠喝彩。我也重新审视起这位让人头痛的“破坏王”，真想不到他居然还有这样一手“绝活”。“从明天起，班里的维修活就可以由他负责了。”我暗暗下定了决心。

韩愈在《马说》中分析“天下无马”的原因皆在于喂马者“策之不以其道，食之不能尽其材，鸣之而不能通其意”。因此，他才发出“世有伯乐，然后有千里马。千里马常有，而伯乐不常有”的慨叹。其实，高明的教师就应该是“伯乐”，只有善于因材施教、因势利导、扬长避短，“千里马”才有可能脱颖而出、驰骋千里，而不至于“骈死于槽枥之间”。

谁敢说周杰就不是未来的“鲁班”呢？让我们牢记陶行知先生振聋发聩的警句：“你的教鞭下有瓦特，你的冷眼里有牛顿，你的讥笑中有爱迪生。”

二十三

教师要唤起学生学习的主动性

唤起学生学习的主动性，除了改进教学方法、创新教学方式等常规手段外，教师也可以通过写信这种形式，让学生感受到教师的真心和真情，从而积极主动地学习。

亲爱的孩子们：

老师心中始终有一个难解的谜团：你为谁而学？

我想你们已经感觉到：最近，老师变了！以前总是春光灿烂般的笑脸现在总是彤云密布，以前总是春风拂面般的话语现在总是狂风呼啸，以前总是春雨滋润般的关爱现在总是电闪雷鸣……是的，老师的确变了，而你们正是促使老师产生“化学反应”的“催化剂”。

眼看着期末考试的脚步越来越近，而你们当中许多人非但没有一丝“大战”在即的紧张气息，还“军心”涣散、意志消沉、毫无斗志，有些甚至心早已飞到了即将来临的寒假，掰着手指头算日子了！你们对待学业的那种无动于衷、冷若冰霜、事不关己的消极态度真让老师七窍生烟、心急如焚啊！不是吗？你们看看：每次评讲试卷，总有那么几个同学的卷子不约而同地

“集体失踪”，不是说留在家里，就是编个被弟弟或小狗撕得“粉身碎骨”的借口，真让老师哭笑不得；每次老师已经把问题讲得清清楚楚，把答案写得明明白白，可偏偏总有那么几个同学的卷子还是错漏百出、惨不忍睹；每当老师想让你们静下心认真聆听时，可你们却总爱三三两两在讲台下交头接耳，乱成了一锅粥，耳朵像塞进了棉花似的，把老师的话全当成了耳边风……课堂上，笔应该是你们最重要的“武器”、最得力的“助手”，而你们却把它们拆得“四分五裂”“体无完肤”，让它们空有一身本领却徒叹“英雄无用武之地”；更顽皮者，在摧残完笔后，把透明胶布弄成了一个个“八卦阵”……望着你们这样不务正业、浪费光阴、虚度年华、荒废学业，老师的心里像针扎一样痛！

你们不爱学习不仅仅是你们的责任。因此，老师也曾经作过深入的自我反思和检讨：是什么原因让你们不爱学习呢？是我的教学方法陈旧，不足以激发你们学习的兴趣？是我的教学语言乏味，不足以激发你们学习的动力？是我的知识浅薄，不足以激发你们求知的欲望？……

为此，老师也作了很多改变和尝试：我尝试不断改进自己的教学方法，把多媒体、游戏、表演、竞赛、自主学习、合作探究等教学方式引入课堂，力求把课上得精彩纷呈、生动有趣，从而激发你们学习的热情，可惜收效甚微；我尝试向你们讲道理，力求用浅显易懂、寓意深刻的故事触动你们的心灵，可惜却事与愿违；我尝试以身作则，与你们一起朗读、一起背诵、一起写作……力求通过言传身教为你们树立学习的榜样，可惜却徒劳无功……不管老师付出多大的努力，你们都像木头人般冷漠地看着老师唱“独角戏”。你们冷冰冰的学习态度不仅让老师心如寒冰，还引爆了老师心中的火药桶。正所谓“教不严，师之惰”，我拒绝做一名误人子弟的庸师。为了能让你们静下心认真学习，老师只能频频念起“紧箍咒”，甚至还不断向你们的家长“告状”和“施压”，发誓要用尽一切办法把你们的心引向学习。

说真的，孩子们，其实老师很爱你们！望着你们一个个被老师的“火焰”烧得焦头烂额，老师心里像压着一座山。郭赟（本篇均为化名）同学，请别责怪老师曾拍着桌子让你下学期别来上学，其实老师只是想让你明白，你作为一名外省的学生能来我们学校读书是极为幸运的，不知有多少外省的学子梦寐以求拥有一个这样的学位；林敏华同学，请别责怪老师曾经用严厉的语气批评你，其实老师只是想让你明白，聪明的你欠缺的仅仅是一点勤奋；成玉萍同学，请别责怪老师曾用燃烧着火焰的眼睛盯着你，老师只是想让你明白，自由散漫会拖住机灵的你腾飞的步伐……

其实，三年级的你们还纯洁得像一朵朵白云，老师也曾被你们天真无邪的心灵深深感动。“老师，请不要吃太多的肥肉，要多吃青菜，不然会越来越胖的！”读着林敏华同学圣诞贺卡上的留言，老师的眼睛模糊了；“老师，我帮你把教本拿回办公室”“老师，我帮你拿多媒体平台钥匙”……听着一句句稚嫩的童声，老师心里暖和；“老师，明天我请假，你能提前告诉我明天的作业吗？”望着林俊杰同学渴求知识的眼睛，老师血液奔腾着；“老师，蒋秀玲摔伤了脚，我们几个扶她去厕所！”望着你们这群团结友爱的“小精灵”，老师全身充满了力量……还有博学多才的曾栩镔，伶牙俐齿的叶靖维，写作天才卢凯钜，得力助手林莹莹，老实可爱的罗彪……无不让老师感到骄傲与自豪！可是，爱不是无原则的让步，看着你们白白浪费天赋和光阴，老师怎能不忧心忡忡呢？

亲爱的孩子们，所谓“黑发不知勤学早，白首方悔读书迟”，你们正处在学习的黄金时期，浪费光阴无异于“慢性自杀”！请牢记：“书山有路勤为径，学海无涯苦作舟。”只要你们立志以勤为径，把苦作舟，老师愿意与你们携手同行，去征服一座座直插云霄的高山，在无边无际的知识海洋里自由自在地畅游！

聪明的你们，能告诉老师你们为谁而学吗？

二十四

教师要妥善处理学生的早恋行为

如果有人告诉你小学生也谈恋爱了，你是不是会感到震惊呢？但真的确有其事。最近，六（8）班的班主任潘玉莲老师就被班中刮起的“恋爱旋风”弄得晕头转向。潘玉莲老师是无意中从一本笔记本中发现班中学生有早恋的迹象。

这天上语文课，有几个女同学老是趁着潘玉莲老师转身在黑板上写字的时机传递一本笔记本，接到的同学偷偷地在笔记本上写了起来。刚开始，她们配合得天衣无缝，传来传去都没被老师发现。但百密总有一疏，当她们再次趁老师在黑板上写字准备传递的时候，潘玉莲老师突然转身，一下子把她们逮个正着。潘玉莲老师见她们居然瞒着她在背后搞小动作，非常生气，于是毫不客气地要她们把笔记本给交上来。刚开始，那个拿着笔记本的女孩子说什么也不肯交，还撒谎说是借来做笔记的。但潘玉莲老师始终不相信，最终女孩只能上交。下课后，潘玉莲老师回到办公室打开笔记本一看，马上被笔记本中的内容吓了一大跳。里面写的全是这几个女生对男女同学进行评头品足的语言，其中有两段话写得十分露骨：“刘美凤（化名）这个大美女居然喜欢罗立文（化名）这个臭小子，罗立文要样子没样子，要身材没身材，简直是‘一朵鲜花插在牛粪上’。”“陈江海（化名）已经向刘丽霞（化名）表白了，想着他们以后经常手牵着手，花前月下卿卿我我，真让人羡慕嫉妒恨，我的白马王子你在哪啊？”

看着笔记本上的陈述，潘玉莲老师有点如梦初醒的感觉。一连串的画面像放电影似的在她脑海里涌现。最近，罗立文和刘美凤上课老是走神，每次被提问都答非所问，而且总是呆呆地望着一个地方。现在想起来，原来他们是在“眉目传情”呢！还有一个奇怪的现象，每当她安排罗立文和刘美凤一起值日、劳动的时候，教室里总会响起一阵掌声和笑声。她当时还不知道同学们有什么用意，现在想想，原来同学们早知他们俩在“谈恋爱”。至于陈江海和刘丽霞之间是否确有其事，其实也有迹可寻。前段时间，她还见到陈江海带鲜花和毛线公仔回校。当时她还好奇地问陈立海送给谁，陈立海还大大方方地承认鲜花和毛线公仔是送给同学的生日礼物，现在才明白，原来这些是他用来“追”女孩子的。

潘玉莲老师感到事态严重，虽然她已经当了近十年的班主任，曾经也听同事们说过学生有早恋的现象。她开始还不相信，因为小学生的年龄毕竟太小了，让人不敢想象小小年纪便懂得谈情说爱。没想到事情竟真的发生在自己的眼皮底下，要不是这个笔记本“泄密”，自己还蒙在鼓里呢！该如何处理这样的事件呢？潘玉莲老师感到进退维谷——大张旗鼓地公布这个事件肯定不行，只会弄巧成拙，适得其反；但任其发展，又不知会造成什么后果。处理这样的事件必须深思熟虑，三思而后行。经过反复衡量，她决定不动声色、秘密地处理。

潘玉莲老师打电话给这几个孩子的家长，含蓄地告诉他们孩子可能有早恋的迹象，但同时千叮万嘱家长千万不要谈虎色变，千万不要大张旗鼓地批评孩子，千万不要向外人泄露孩子的秘密，只能采用旁敲侧击的办法，慢慢说服教育孩子。做通了家长的思想工作后，潘玉莲老师便分别找这几个同学谈话。她首先找到了罗立文，试探性地问道："立文，听同学说你喜欢班里的一个女孩子，不知道有没有这么一回事呢？"

没想到罗立文毫不犹豫地回答道："是真的，我很喜欢刘美凤，她也喜欢我！"

"你喜欢她什么？"潘玉莲老师继续追问道。

"我喜欢她漂亮、温柔，和她在一起我觉得很开心。我长大后还要娶她当老婆呢。"罗立文坦率地回答道。

潘玉莲老师哭笑不得地说道："我很欣赏你的坦白，但你知道喜欢一个人意味着什么吗？那意味着责任，你觉得你现在能承担起照顾女孩子的责任吗？"

她停了一下继续语重心长地说道："老师不是不允许你和女同学做朋友，但要仅限于友谊，不能有其他非分之想。你现在年纪还太小，身心发育还不健全，根本不适合谈恋爱。如果你真的喜欢一个人，现在就应该努力学习，学好本领，长大后才能担负起照顾对方的责任，才能给对方幸福。如果过早谈恋爱，只会影响学业，不利于身心的发展。"

与罗立文谈话后，潘玉莲老师又找来刘美凤谈话。她用同样的话试探刘美凤。刚开始，刘美凤红着脸不肯承认，后来经过一番迂回的问话，她终于承认对罗立文有好感。潘玉莲老师同样语重心长地劝解道："什么年龄就该干什么事。你现在的年龄应该以学业为重，不应该因懵懂的感情而影响了学业。"

接着，潘玉莲老师又分别找了陈江海和刘丽霞谈话，他们都承认对对方有好感。于是，潘玉莲老师又与他们进行了一番动之以情、晓之以理的谈话。

通过一番循循善诱，他们都承诺保持好距离。但潘玉莲老师认为仅仅谈话还是不够的。她还在班上开展了关于早恋的主题班会。发动全班学生进行大讨论，让全体学生认识到早恋的危害，同时引导学生学会怎样与异性交往。教育他们在与异性交往中要自尊自爱，讲究文明礼貌。男女同学相处，行为要稳健，语言要文明，作风要庄严，举止要文雅；不能随便干扰别人的学习与生活；接触要掌握分寸，不能随便打闹嬉戏，做到端庄自爱，发乎情，止乎礼。

另外，潘玉莲老师还在班级中开展了丰富多彩的文体活动，把学生的注意力、兴趣和需要引向各种有益、积极的活动，让男女同学自然、正常地交往，使他们的精神生活得到满足。这样做既满足了男女同学渴望同异性交往的心理需求，有利于良好志趣的培养，又能分散学生对某个特定个体的专注并避免因过于频繁的个体接触而生发出“幼稚的感情”，有利于形成良好的行为习惯和班级氛围，不会导致同学间出现交往别扭的情况和不健康的因素。

通过一番努力，班级中的早恋风气慢慢绝迹了，同学们不再谈论“恋爱”的话题，都能正常友好地和谐相处了。

二十五

教师要为懂事的孩子点赞

“黄老师，我选上了，谢谢您！”张燕（化名）像一阵风似的跑进了办公室，指着手臂上鲜红的三道杠兴高采烈地说道。黄红英老师马上放下手中的笔，望着那鲜红的三道杠由衷地赞叹道：“真了不起，恭喜你！不用谢！”张燕向老师鞠了一躬，又像一只燕子似的“飞”出了办公室。望着她娇小的身影，黄红英老师不禁感叹道：“多懂事的孩子啊！”

黄红英老师是五（5）班的班主任，除了班级管理得出色，深受学生爱戴外，还由于文采出众，被称为学校的“笔杆子”。张燕能成功当选少先队大队委，除了自身的努力外，黄红英老师可谓居功至伟。

本学年，我校中心小学要举行第一届少先队大队委的竞选活动，这次竞选活动共分三个环节，分别是演讲、才艺展示和知识问答，对学生的综合素质要求非常高。因此，当班主任黄红英老师把这个消息向全班同学宣布的时候，许多同学顿时像泄气的皮球似的瘫坐在椅子上，他们都不约而同地感叹道：“太难了！”黄红英老师正想动用三寸不烂之舌鼓励同学们报名参选，班长张燕勇敢地站了起来，她高声地宣布：“黄老师，我参选！”同学们都为张燕的勇气所折服，教室里顿时响起排山倒海般的掌声。

这天，张燕参加完学校少先队大队委竞选前准备会议后，愁眉苦脸地走进了黄红英老师的办公室。她有气无力地说道："黄老师，竞选演讲稿我不会写。"

"学校有没有什么要求？"黄红英老师关心地问道。

"有，先是自我介绍，然后是工作设想，要求在5分钟内演讲完毕。"张燕回答道，"自我介绍还容易些，工作设想我可不会。"

黄红英老师想了想说："工作设想就是指你当选后的做法，你可以从抓好组织建设、制度建设和活动建设这几个方面入手。这样吧，你先把草稿写出来，我帮你修改。"

得到了老师的保证后，张燕脸上的愁云一下被风吹散了，因为她知道班主任黄老师文笔了得，有她亲自出马，自己便有了主心骨。她迅速鞠了一躬，说道："谢谢老师！"然后便飞奔回教室写了起来。

很快，张燕把初稿交到了黄红英老师手上，黄红英老师认真地看了起来。"你的书写真工整！"黄红英老师不禁称赞道。一字不漏地看完文章后，黄红英老师点评道："你的自我简介挺不错，但工作设想还需要修改。"于是，黄红英老师拿起红笔，一边改一边不时地与张燕进行商讨。张燕听了老师合情合理的分析后，也不时点头。一个多小时后，文章终于修改完了。望着满是红色笔迹的初稿，张燕心满意足地说道："黄老师，谢谢您，我马上把它抄好。"

"张燕，虽然学校提出可以拿着稿子演讲，但你最好把它背熟，这样得分肯定会高很多。"黄红英老师提醒道。

"是的，我一定把它背熟，谢谢老师！"张燕迈着坚定的步伐走出了办公室。

第二天，张燕又找到了黄红英老师，她说道："黄老师，我背熟了。"

"这么快？"黄红英老师有点不敢相信地说道。

“我昨天晚上差不多背到12点，明天就要比赛了，我想现在背给您听听，您帮我指导指导好吗？”

黄红英老师望着这个眼睛有点红的孩子说道：“好，你背给我听听。”

张燕便挺直了身子，字正腔圆、行云流水般地背了起来。背完后，黄红英老师情不自禁地鼓起了掌。她说道：“背得太好了，但还需要注意一些细节问题。这是演讲，不同于背书，要注意表情和肢体语言，要注意情感、语气和语速，要读出抑扬顿挫的节奏感。”黄红英老师一边讲，一边示范，张燕也跟着学了起来。一个多小时后，张燕信心满满地走出了办公室。

“黄老师，我顺利闯过了第一关！”第二天张燕像箭一般冲进了办公室，握着黄红英老师的双手兴奋地说道。

“恭喜你！”黄红英老师也热情地回应道。

“黄老师，接下来还有才艺展示和知识问答环节。知识问答环节我已经准备好了，我从网上下载了很多关于少先队的知识，我已经背得滚瓜烂熟了，但才艺展示环节，我不知道展示什么好，您帮我拿拿主意吧。”

望着这个乖巧、懂事的女孩子，黄红英老师微笑着说：“好，我帮你提点意见。唱歌怎么样？”

“黄老师，千万别唱歌，我五音不全。”

“演奏乐器怎么样？”

“老师，我从没学过。”

“跳舞怎么样？”

“老师，我不会跳。”

“干脆朗诵怎么样？”

“老师，这个可以考虑，但我不知道朗诵什么。”

“这样吧，我们不是刚学了一首《长相思》吗？干脆来个‘现炒现卖’。”

“好啊！黄老师，谢谢您，就这么定了，不过请您再指点指点我。”

于是，张燕便在黄老师面前朗诵了起来，黄老师也进行了详细的点评，直到双方满意为止。

黄红英老师刚想休息一下，张燕又提出："黄老师，您出题考一考我好吗？"

"这孩子可真有一股不怕苦的牛脾气。"黄红英老师欣慰地想。她开心地说道："好。"

于是，她们又一问一答地练了起来。张燕果然把知识点都背得滚瓜烂熟，每一题都能正确、快速地回答。

最后，张燕信心满满地走出了办公室。

第二天，张燕参加了最后两个环节的比赛。黄红英老师心里也有点忐忑不安，她真心希望这个努力的孩子能如愿以偿。张燕果然不负重托，一路过关斩将，最终竞选成功。

第二部分

家校共育课程的家长策略

一 家长要给孩子一个温暖的家

这是学校一个无家可归的学生的真实经历，让人感慨万千。

都说“世上只有妈妈好，有妈的孩子像块宝……”他有爸爸和妈妈，可是却像浮萍一样，始终不知道家在哪里。

这是一个风雨交加的夜晚，他已经记不清楚自己在这样的夜晚流落街头多少次了。他蜷缩在一个黑暗但可以勉强遮风挡雨的墙角里，从书包里拿出吃剩的半块面包，狼吞虎咽地吃了起来。吃完面包，他又喝了半瓶矿泉水，便枕着书包慢慢地闭上了眼睛。听着淅淅沥沥的雨声，安然进入了梦乡。

不知过了多长时间，突然，一道亮光将他从梦中惊醒。他迷迷糊糊地睁开眼睛一看，两个警察出现在他的面前。其中一个用手电筒照射着他，另一个弯下腰用关切的语气问道：“小孩，你为什么睡这里？怎么不回家呢？”

他用手抹了抹双眼，用平静的语气说道：“这不就是我的家吗？”

“这怎么可能是你的家呢？你是不是和家里人闹矛盾了？告诉我们是怎么回事，我们送你回家。一个人在外面可不安全。”警察继续关心地问道。

他倔强地说：“警察叔叔，你们不用费心了，我已经习惯一个人四海为家了。”

警察继续耐心地劝道：“小孩子，不要任性，快告诉我们你的家在哪里，我们送你回去。我们会帮你化解与爸妈的矛盾的。”

他见警察一副打破砂锅问到底的架势，心里觉得有点不耐烦了。于是，他干脆又闭上了眼睛，像大虾一样蜷缩着身体。

警察见他像吃了秤砣铁了心似的，于是，互相商量了一下，决定从他的书包里找点线索。他看到他们想打他书包的主意，于是用双手死死地护着书包，好像守护一袋宝物。警察看他如此倔强，知道不能强取书包，于是继续耐心地劝导说：“小朋友，你不愿回答也行，不过肯定不能继续在这里待下去，这样吧，你跟我们回派出所。”

小孩心想：“去就去，难道我还能怕你们吗？派出所总比这里好，说不定还能吃上一顿消夜。”于是，他背起书包，坐上警察的车，跟着他们一起来到了派出所。

派出所里很安静，灯火通明，只有一个值班的女警。她奇怪地问道：“阿光，怎么今天巡逻竟然捡到了一个孩子？”

那个叫阿光的警察一本正经地回答道：“阿珍，你说对了，我们在巡逻时发现他睡在街道上，估计是和家里人吵架了，可他又什么都不肯说，所以我们把他带回来了。”

阿珍仔细地打量了小孩一会儿，矮矮的个子，瘦瘦的身体，尖尖的脸。最后，她还是从他脏兮兮的校服上找到了线索。她用温和的语气说道：“孩子，你是山塘镇中心小学的学生吧？”他摇了摇头，不肯承认。她继续微笑道：“你不要不承认，我认识山塘镇中心小学的校服，我的儿子和你差不多大，也是在那里读书的。”

被警察发现了秘密，小孩便不再作声了。阿珍继续关心地问道：“小孩，能告诉阿姨你的名字吗？我们联络你的家长把你接回家。你三更半夜不回家，你的爸爸妈妈肯定急坏了。”

他脱口而出："他们都不要我了，没有人会关心我的。"

警察愣了一下，继续笑眯眯地说："怎么会有不爱孩子的父母呢？快点告诉阿姨你父母的电话，我让他们来接你回家。"

他再次固执地低下了头。警察叹了口气，给他倒上了一杯热茶，又给他热了一个快食面。看着他风卷残云的样子，警察一边劝他慢慢吃，一边耐心地询问他的情况。

看着警察对他这么关心体贴，一股暖流在他心中流过，他的心理防线终于崩溃了。

他叫刘亮（化名），今年10岁，就读于山塘镇中心小学五年级。他家住在离学校不远的灵远村。在他8岁那年，他的父母离婚了。离婚后，他跟着爸爸生活。刚开始，爸爸还十分关心他。可一年后，爸爸再婚了，还给他生了一个弟弟。自从有了弟弟，他就成了家里的边缘人。后妈对他冷若冰霜，不管不顾。爸爸对后妈的话言听计从，慢慢也对他冷漠起来。他生病了，他们对他不闻不问；他肚子饿了，他们让他吃冷饭剩菜；他衣服破了，他们熟视无睹；他逃学、夜不归宿了，他们任他自生自灭。在他们的眼里，他就如同空气般。在这个家里，他感受不到一丝的温暖。本来，他想跟着妈妈一起生活，可她也远嫁山东，除了偶尔给他寄点钱外，其余也是鞭长莫及。他觉得在这个世上，他是多余的人了。所以他开始自暴自弃，也常常在外面流浪。

听完他的讲述后，警察眼睛泛起泪光。她搂着他的肩膀说："刘亮，我相信世上没有不爱孩子的父母，我想你和父母之间肯定有误会，这样吧，你把爸爸的电话告诉我，我让他过来接你，阿姨一定会批评你爸爸的，让他肩负起一个父亲的责任。"在警察的再三劝说下，他终于说出了爸爸的电话。

一个小时后，刘亮的爸爸终于来到了派出所，一见刘亮便怒气冲冲地说道："你小子，专门给我惹麻烦，要流浪也去远点的地方，别在这里丢人现眼。"

虽然他早就知道爸爸会这样对他，但当着警察的面被指责，他还是觉得无地自容，脸红得像辣椒一样，恨不得找道缝钻进去。他像霜打的茄子似的低下了头。

"你怎么能这样说孩子呢？有你这样为人父母的吗？他还小，你应该好好教育他，而不是一味地批评他。"警察实在看不下去了，便为他仗义执言。

爸爸在警察一番质问下，脸也立即红了起来。他望了望在场的三个警察，又不敢发怒，只好嘿嘿地笑了一下解释道："对不起，你们不知道，这个孩子实在不让人省心。"接着，他便竹筒倒豆子似的列举了刘亮的种种"罪状"。他说刘亮怎样调皮捣蛋，怎样惹是生非，怎样胡作非为，简直把刘亮说成了一个坏孩子。爸爸每数落他一句，他都感到心里像被针扎了一下。

"你说完了吗？正所谓：'养不教，父之过。'孩子变成你说的那个样子，难道与你没有半点关系吗？"警察一针见血的话瞬间击中了刘亮爸爸的心，他顿时哑口无言。警察继续说道："孩子在成长过程中出现问题是很正常的现象，家长应该要多关心他，引导他，爱护他，使他改正错误、健康成长才对。而不应该动不动就拳打脚踢，动不动就破口大骂，动不动就轻言放弃，使用冷暴力……"

在警察的教育下，刘亮的爸爸好像有所醒悟，摸了摸刘亮的头说："阿亮，爸爸错了，跟爸爸回去吧！"虽然他不知道爸爸到底会不会真的做出改变，但他还是跟爸爸回家了。离开前，警察对他和爸爸又进行了一番叮嘱。

回到家里，后妈不但不关心他，反而一如既往地对他冷嘲热讽起来："哟！阿志（化名），你的儿子刘亮有出息了，居然懂得到派出所找帮手，让警察来好好管管你了。"爸爸也恶狠狠地对刘亮说："如果你再这个样子，看我不揍你。"说完，便把他一个人丢在客厅，他们回房间熄灯睡觉了。

这次事件过后，刘亮的处境一点也没有改变。爸爸和后妈还是一如既往地对他冷若冰霜，不闻不问，在他们面前，他仍然是隐形人。他只是一个十岁的孩子，每每看到其他同学与父母一起幸福生活的画面，他总是十分羡慕。

在父亲这里他得不到半点温暖，他多想投进妈妈的怀抱。可是远在千里之外的妈妈却在电话里熄灭了他的希望。她说："阿亮，对不起，妈妈在这里也有了孩子，你的继父是不会答应你来的。你还是乖乖听你爸爸的话，好好地和他生活吧，妈妈会寄钱给你的。"听了妈妈的话，他的心像被浇了盆冰水似的，泪水像泉水般喷涌而出。

如今，他还是一如既往地处在无人疼爱的尴尬境地。刘亮的故事不禁让我们唏嘘，我也想在此呼吁：

家长们，请给孩子一个温暖的家吧！

二

家长要学会配合老师教育孩子

家校共育，需要教师与家长建立良好的合作关系，但现实有时却让人感到无奈。

今天下午，我接待了一位怒气冲冲前来告老师状的家长。

自知理亏的班主任欧老师被家长来势汹汹的架势吓得有点蒙了。她不住地向家长作诚恳的道歉：“对不起，我的做法是不对，我向您道歉，请您原谅。”面对老师真诚的道歉，该家长仍不依不饶，继续纠缠着班主任讨说法：“给孩子造成的心理阴影怎么处理？为什么我的孩子这么怕家长来找老师？我现在告你的状，你以后会不会报复我儿子……”欧老师被家长咄咄逼人、连珠炮似的问题弄得晕头转向，只能不断道歉、作保证。

欧老师见我出现了，像抓住了救命稻草似的。我见家长一副得理不饶人的样子，便对她说：“这位家长，您能冷静一下吗？先让我了解一下事情的来龙去脉。”家长用疑惑的眼光望了我一眼，好像在说：“你是谁？你说话算数吗？”欧老师连忙介绍道：“这是我们学校的孟校长，专门负责教学工作。”家长看了一下我的胸卡，我连忙拿起胸卡补充道：“我是学校的校长，有什么事可以对我说。”家长这时才稍稍平静了些。

她拿出一张纸递到我面前说：“孟校长，你看欧老师这样处罚孩子的方式合适吗？”我拿过来一看，上面写着：刘光辉（化名）是傻瓜。我望了班主任一眼，班主任连忙把事情的前因后果说了一遍。

原来，刘光辉是欧老师班上的一名男孩子，他经常对班上的一名女孩子进行辱骂，老说她是傻瓜，欧老师多次批评他也不改。昨天上午，刘光辉又“旧病复发”，骂女孩子是傻瓜。欧老师见刘光辉屡教不改，为了让他也体验一下被人骂傻瓜的滋味，欧老师于是想出了罚他写50次“刘光辉是傻瓜”的办法，没想到却捅了马蜂窝，引起了刘光辉家长的强烈不满。家长认为：你罚他写傻瓜可以，但不应该加上名字。刘光辉妈妈警告说：“如果不给一个合理的说法，我将告到教育局和打市长热线电话。”

自知理亏的班主任只能连声道歉，但刘光辉家长却是一副得理不饶人的样子。了解事情真相后，我心平气和地对刘光辉家长说：“这位家长，欧老师这样处理的确有点欠妥当，但她已经道歉了，你可以接受吗？”

刘光辉家长说：“我接受欧老师的道歉，但一句道歉就可以了吗？她给我儿子造成的心理阴影怎么消除？”我问道：“你为什么认为这件事给你孩子造成了心理阴影？”“他昨天晚上整晚把自己关在房间里，饭不吃，作业不做，我说找老师问个明白，他还怕得要命，坚决反对我找老师。如果不是这件事对他刺激过度，他会如此惧怕家长见老师吗？”

听了家长的话，我不禁有点恼火，心想：“这恐怕是一个无限放大事件的家长。”我压压心头的怒火解释道：“孩子做错了事，怕家长见老师也是正常的现象，你怎么能说给孩子造成了心理阴影呢？退一步说，如果孩子连接受一点批评的能力也没有，是不是心理素质太差呢？”刘光辉的家长不服气地反击道：“孟校长，你这么说是不是说你的老师没做错呢？”“绝对不是，老师这样的做法的确欠妥当，可她不是已经道歉了吗？”我说。

刘光辉的家长说：“我接受老师的道歉，但我认为只道歉还不能消除孩子的心理阴影，另外我还担心欧老师会因这件事对我儿子产生偏见，打击报复或实施冷暴力。”我问道：“那你想怎样处理？”刘光辉家长说：“欧老师除了口头道歉外，还需要写一份保证书，保证今后不能对我儿子产生偏见，要一视同仁地对待。否则，我便上告。”

面对这位态度强硬的家长，我调整了一下情绪后，继续心平气和、有理有据地对其进行了一番马拉松式的解释说服工作。我从政策、育人、心理、教师素质等方面列举了大量例子，在我引经据典的耐心说服下，刘光辉的家长终于解开了心结，笑着和欧老师握手言和。

事情终于圆满解决了，但它值得我们深思：面对犯错的孩子，我们该如何处理才正确？面对家校矛盾，我们该如何化解呢？家校共育，任重而道远。

三

家长要学会对孩子放手

退休后的生活本应该是人生中最潇洒自在的一段旅途，可他眼神里透露出的却是大山一般的沉重，大海一样的迷茫。

这已经是他第二次到学校求职了，结果如出一辙——碰壁，不同的是——这次是替他的儿子谋职业。他退休前是一名乡村小学校长，虽然没有惊人业绩，但也是桃李芬芳，是乡村小镇教育战线上的一颗明星。他默默耕耘了大半辈子，几年前荣休后，便逐渐淡出了人们的视野。可最近两次的不期而遇，他的轮廓又重新在我心里清晰起来。

招聘保安员向来是学校最棘手的难题，保安员的待遇低、工作时间长、责任大，这使许多应聘者落荒而逃。招工信息如一滴水滴进了大海，问津者寥寥。正在我期盼“天上掉下个林妹妹”之际，两个人走进了办公室。一样的素衣，一样的神情，我一眼便认出走在前面的来客——刘校长，他的身后跟着一个弯腰低头、双手插裤兜的小伙子。

“孟校长，这是我儿子。听说学校招保安员，他最近失业了，希望能让他试试。”简单寒暄后，老校长便单刀直入。

我仔细打量起坐在椅子上的这位年轻人，三十岁上下，五官端正，不高不矮，不胖不瘦，是块当保安员的好料。可能是天太冷的缘故，他的身子蜷缩成一团，双手紧紧抱在胸前，头差不多埋了进去。机械般地走了一趟程序，各项条件都像专门为他“度身订做”似的，我心里一阵狂喜——“救星”到了。

“刘校长，我们的待遇很低，可要考虑清楚。”既然是老熟人，我也打开了天窗说亮话。

“不嫌少，只要有工作就行了，他明天就可以来上班。”老校长心急火燎地替儿子答应了下来。好不容易等来了一根好苗，我也不想拖泥带水。忽然，林校长走了进来，偷偷给我打了几下眼色。我马上心领神会，跑到嘴边的话瞬间来了个“急刹车”：

“刘校长，您儿子的条件我挺满意的。不过，还要经过学校领导研究。您先回去，下午我一定答复您。”

“孟校长，希望你们能慎重考虑，给他个工作机会。”刘校长语气中充满了恳切。

“我们肯定会认真研究的。其实您儿子都这么大了，让他自己过来就行了。”

“好、好，下次我一定让他自己来，拜托了，请多关照……”老校长一边唯唯诺诺地应着，一边领着儿子走出了办公室。

“刘校长教子无方，他儿子好吃懒做，游手好闲，手脚还不干净，这样的人肯定不能用。三十多岁的人还要父亲陪着应聘，这成什么样子呢？……”老校长一走，林校长便竹筒倒豆子般数落起来——原来，他们是邻居。“罪证”确凿，我只好又重新盼星星、盼月亮了。

其实，我明白老校长的良苦用心——希望凭他的“老脸”给儿子谋一份职业，可他儿子偏偏是一个扶不起的“阿斗”。

一年前的情景又重新浮现在我眼前。

同样是最难啃的硬骨头——招聘保安员，同样是在望穿秋水中迎来了一位愿意吃螃蟹的人——竟然是阔别多年的老校长。

几年不见，刘校长衰老得让人有点难以置信：头发全变成了雪白的银条，指宽的“蚯蚓”爬满了脸，双眼浑浊无神，发白的衣服松松垮垮地套在身上，背部隆起了一座小山，全然没有了当年的意气风发。“这难道就是我们的将来吗？”我一边惊叹岁月的无情，一边心中升起了一团疑云：“刘校长不安享晚年，还要来吃‘鸡肋’，图什么呢？”

“刘校长，您在开玩笑吧？”我有点不太相信地问道。

“不，孟校长，我真的很需要这份工作！两个儿子的生活实在太难了，我想帮帮他们，这几年我一直给人家看门帮补家用……”说着说着，我清晰地看到老校长苍老的眼角挂着几颗混浊的泪珠。

原来，刘校长的两个儿子长期失业在家，全家人都靠着他那份微薄的退休金生活，常常入不敷出，因此，他只好替人看门。听了他的诉说，我也挺佩服这位“负责任”的“好”父亲，也想帮帮他。可一想到他毕竟是老校长，给我们当门卫总有点难为情，于是，我婉拒了他的要求。看着他摇头叹息的背影，我也觉得心里有些发酸、内疚。可当弄清事情的来龙去脉后，我觉得当初的决定是明智的。

其实，他的两个儿子四肢健全，不笨不傻，本来还有固定工作，可就是太“聪明”——眼高手低，好逸恶劳，后来还炒了老板鱿鱼，心安理得地当起了“啃老族”。而这位“好父亲”却心甘情愿地做“牛马”，不仅“奉献”出全部养老金，还干起了兼职。树有根，水有源，儿子的不成才正是他无原则的爱纵容出来的。作为教书育人的园丁，他的爱心浇灌出了无数芬芳吐艳的花朵，而家中的“花朵”却被溺爱灼伤，这难道不值得深思吗？

爱孩子，扶上马、引上道固然不可缺少。可更重要的还是要学会放手，收起保护伞，让孩子接受风雨的洗礼，经历人生的磨炼，这样他们才会飞得高，行得远。

四

家长不要急着给孩子“鸣不平”

九月的清晨，阳光明媚、金风送爽、果实飘香，美丽的校园又从酣睡中醒来，绽开迷人的笑脸迎接小朋友们的回归。

我刚到办公室，便见一墙之隔的教导处已经被带着孩子来转学的家长围成了“铁桶阵”。唉，可怜天下父母心，为了能让孩子接受更好的教育，许多家长削尖脑袋往学校里挤。可毕竟学位有限，非学籍生要到学校读书，就如同千军万马过独木桥。看来，刘校长又少不了一番唇枪舌剑了。

与教导处相比，我的办公室显得格外的静谧、和谐。泡上一杯清茶，我刚想好好整理整理开学第一天的工作思路，一位与我相熟的家长铁青着脸走了进来，后面跟着垂头丧气的儿子。一见我，家长的话语就像机关枪似的不停地扫射：“真是岂有此理，有他这样说话的嘛，这不是明摆着伤我儿子的‘自尊’吗！这让我儿子以后怎样抬起头‘做人’！他明知我跟您是朋友，不看僧面看佛面，这不是明摆着不给您面子吗？”他就像一头快要发疯的狮子，而他的儿子则两眼通红、耷拉着脑袋。见此，我便请他坐下，端上了一杯热茶，慢慢从他的口中弄清事情的来龙去脉。

原来，今天一大早，他就带着儿子来到了教导处，准备取插班的通知。自报家门后，他满以为能轻松地把通知拿到手。谁知刘校长一听他儿子的名字，立即放下了手中的笔，抬起头盯着他儿子，严肃地说：“原来你就是文轩（化名），你是怎么学习的？这次入学考试才考了20多分，让你到我校读书，岂不是毁了学校的声誉吗？你还是先等等吧，待我们研究研究后再说。”刘校长众目睽睽下毫不留情的一番话，顿时像针一样扎在他们父子俩的身上，让他们面红耳赤，感到无地自容，恨不得马上从地上找出一道缝隙钻进去。怒火中烧的家长本想好好“回敬”几句，但又怕激化矛盾，只得强忍怒火；他的儿子自知被击中要害，脸上情不自禁地下起了“滂沱大雨”。见到我之后，家长终于忍不住大吐一番苦水。

其实，对他儿子的底细我早已了如指掌，因为他转学前就在我妻子任教的学校就读。妻子对他进行了一番让人啼笑皆非的“精彩”评价：脑瓜灵活，思维敏捷，“口才”一流，有小“聪明”，可惜不用在“正道”。论学习，他是典型的上课一条“虫”，下课一条“龙”，成绩自然是一塌糊涂；论口才，让他回答问题，笨嘴笨舌，三言两语就“断流”了，可说起与学习无关的话题，却是滔滔不绝、口若悬河；论写文章，写作文是词不达意、错漏百出，可写“情书”却是娓娓道来、情真意切——小家伙四年级便会给女孩写信了。

见家长怨气难消的样子，我对他进行了苦口婆心的劝说：“你也不用太生气，虽然刘校长当着那么多人的面说出这样的话是挺让人难堪的，也有点不合适，但我认为这对你儿子来说未必就是坏事。你儿子缺的不是聪明的头脑，而是‘荣辱’之心，这也是他学习路上的‘拦路虎’。所谓‘知耻而后勇’，让他尝尝被人抓住痛处的滋味，对他未尝不是一种‘激励’……”我的一番肺腑之言，说得他们心服口服，父子俩的脸上又重新露出了灿烂的“阳光”。

其实，我不赞成老师在公开场合严厉批评学生，尊重学生是为师者必须恪守的职业准则。但对于一些“不思进取”的学生，有时就必须下一剂“猛药”、敲一顿“警钟”，让他明白——“尊严”要靠自己争取！

五

家长不要因诉求未被满足而生气

又是开学季，负责招生工作的教导处工作人员自然是忙得头顶“冒烟”。刚送走一批家长，我还没来得及喝杯茶，突然又来人了——不用问，肯定又是来办理入学的。

他走进来，叫了一声“校长”后便打开了话匣子：“校长，这个学期我的孩子应该能转过来吧？”

我便问：“从哪里转过来，读几年级？”

“从横山小学转过来，读二年级。”他说。

“二年级没学位了，暂时转不了。”

“可去年你们说过今年能转过来的。”

听他这么一说，我不禁多看了他两眼。他身高体健，强壮得像一头牛。啊，原来是“老熟人”了，去年的一幕再次出现在我的眼前。

去年也是这个时候，他来学校是替读一年级的女儿“兴师问罪”的。因为学位不足，加上他是外省户籍，不符合招生条件，所以他的女儿不能分配到我们学校。为了能达到目的，他采用了“先礼后兵”的策略。他先用诚恳的语气请求道："校长，我家就在附近，我们夫妻俩都要上班，孩子去其他学校读书不方便，请照顾一下我们。"

考虑到学位已满，加上他并不符合招生条件，我们还是委婉地拒绝了。看到请求无效，他便打起了同情牌，坐在椅子上双手捂着肚子，不停地呻吟，并喘着粗气说："校长，我不能生气，一生气肚子就会疼，请你们大发善心，给我一个学位吧。"当我们再次用同样的理由坚决地拒绝他的时候，他从椅子上一下弹了起来，脸上充满愤怒，双拳紧握。他威胁道："校长，如果不给我一个学位，我就到教育局告状——为什么同样的条件，有的人能入学，而我的女儿就不行呢？这太不公平了。"面对他的气势汹汹，我们都觉得不能开先河，否则以后这类现象会一发不可收拾。于是，我们继续有理有据地向他解释招生政策。后来在中心学校的协调下，我们把他的女儿安排到另一所稍远一点的学校就读，同时承诺：下一年如果有学位，优先照顾。无奈之下，他只好走了。

光阴似箭，日月如梭，一年转眼便过去了，这位家长再次找上门来。当我告诉他没有学位的时候，他便故伎重施。最后，他坚称："不解决问题，我就不走，告到中央也告。"他的理由很简单："我是就近入学，人家的孩子行，为什么我的就不行，太不公平了。"反复解释、劝说无效后，我也不禁火冒三丈："你老说就近入学，从政策角度来说是没错，但就近绝不等于最近。你老说人家的孩子行，你的不行，太不公平了，那么你从另一个角度想想：很多附近的学生想读横山小学，为什么他们不行，你的孩子就行呢？你觉得这样公平吗？"我的一席话说得他哑口无言，最后灰溜溜地走了。

教育公平面向的是每一个学生，家长不能因自身的诉求未被满足而生气"喊冤"，而应了解政策，尊重教育公平。

六

家长要给孩子阳光般的温暖

“妈，你吃！”女儿把一颗糖轻巧地放进了妈妈的嘴里，一阵甘甜的滋味顿时在口腔里弥漫。今天是女儿最后一个儿童节，看着她和一群同学玩得兴高采烈的样子，妈妈的心里感到十分欣慰：“六年了，女儿也终于快长大了。”

这是一位可敬的母亲，每次看见她的背影，我总感觉眼眶有点湿润。屈膝，弯腰，双手放背后，“一二三起”，这位母亲每天都重复着这套标准的动作。而随着女儿渐渐长大，自己渐渐变老，做这套动作则变得越来越吃力。这位母亲不知道自己还能背着女儿到什么时候，但她明白，只要还有一口气，或者未找到接班人时，这项艰巨的使命她便要继续承担下去。

女孩子叫陈美君（化名），今年读小学六年级，小时候一场突如其来的高烧导致她下肢瘫痪。看着原本活泼健康的女儿一下子变成了残疾人，她的妈妈刘春花（化名）由开始的欲哭无泪，到最终咬牙承认了这一残酷的现实。为了照顾女儿的饮食起居，她放弃了工作，就像地球围绕着太阳转似的把女儿当成了生活的轴心。在她的精心照料下，女儿很快便健康成长到入学的年龄。看着同龄的孩子都高高兴兴地背着书包上学，陈美君的眼睛里流露出羡慕的眼神。“妈，我也想和小伙伴一起读书。”陈美君向妈妈请求道。其实，刘春花也为孩子的上学问题愁白了头。女儿失去了自主活动的能力，不能让她再失去读书的权利。最后经过与丈夫、学校的商量，她决定陪着孩子一起上学。当听到自己可以和小伙伴一起上学时，女儿高兴得眉开眼笑。

由于家里与学校有一段较为遥远的距离，刘春花买了一辆三轮车。她每天起早贪黑，风雨无阻地准时接送孩子。六年期间的上学路上，留下了母女俩数不清的难忘画面。我们经常会见到一幕幕这样的画面：在烈日下，一个小女孩手持一把遮阳伞，坐在阳光暴晒的车厢里；一位母亲头戴遮阳帽，吃力地蹬着车子，满脸都是汗水。“妈，你热不热？我帮你扇风。”女儿用力地摇动着手中的扇子。“乖女儿，妈不热，你给自己扇吧。”母亲温柔地回答道。在风雨中，一位小女孩像小鸡似的蜷缩在母亲用雨衣托出的“晴空”里；一位母亲则使劲地蹬着车子，使车子在雨中艰难地前行。“妈，先避一下雨吧，你的衣服都快湿透了。”小女孩关切地说道。“乖女儿，妈不要紧，你照顾好自己就行，千万不要淋湿衣服和书包。”母亲亲切地叮嘱道。

除了每天准时把孩子送到学校外，她还要全程照顾孩子在学校内的生活。每天放学时，我们总会在长长的楼梯上看见一个背着孩子下楼的身影；每天下课期间，我们会看见一个背着孩子上厕所的背影；每次室外活动课，我们会在操场上看见一个背着孩子参加活动的身影。“背”成了她每天多次重复的规定动作，因此她的背部被磨出了厚厚的老茧。“阿姨，我们来帮帮你吧！”每当看到刘春花背着女儿一步一步地上下楼梯的时候，总有一些孩子争着做左右“护法”。

每天孩子上课了，刘春花便有了由自己自由支配的时间。为了打发这段空闲的时光，同时也为了帮补家用，她便接了一些小手工活在自己休息的地方——学校走廊一角做。于是，学校走廊一角便成了一个临时的加工场。她会接一些穿表链、粘胶花的小手工活，干起活来一丝不苟。凭借着这些小手工活，她为孩子添置了许多学习和生活用品。“妈，你一个人做太累了，下课后我帮你一起做手工。”陈美君懂事地向妈妈说道。“傻孩子，你专心致志地学习就好了，只要你成绩好，妈干什么都不觉得累。”刘春花婉拒了女儿的请求。女儿也非常争气，年年在班级里的成绩都名列前茅，一张张鲜艳的奖状，便是对妈妈最好的回报。

时光荏苒，春去秋来，年复一年，小女孩已经渐渐长成了大姑娘。她不再是那个娇小瘦削的小孩子，她长高了，长壮了，长大了。看着自己的孩子像小树一般茁壮成长，作为母亲的刘春花怎会不开心呢？但她的担心也如期而至：自己变老了，满头青丝渐渐染上了银色，力气也大不如前了，渐渐老去的母亲还有力气背得动逐渐长大的女儿吗？于是，我们经常会看见开头描写的一幕：屈膝，弯腰，双手放背后，“一二三起”。每次背起女儿，她都要耗费不少精力。

可女儿人生的道路才刚刚铺开，她前行的路上又怎能缺少妈妈的陪伴呢？明知不可为而为之，便是这位可敬妈妈的真实写照。只要有她存在的一天，她便要给女儿一双健康的“腿”。

万物生长靠太阳。即使是最柔弱的花蕾，在爱的阳光沐浴下，也能开出最灿烂的花朵。

七

家长要对孩子一视同仁

一天早上将近7点，离学校大门开放的时间还有20多分钟，美丽的校园空空荡荡，寂静无声，还处在沉沉睡梦当中，只是偶尔传来几声鸟鸣。

保安员祥叔（化名）到学校饭堂取完早餐，路过生物园的时候，忽然看到一个男生坐在生物园的椅子上。他感到有些奇怪：学校的大门还没开放，他是怎么进来的呢？于是，他随口问道："同学，你怎么这么早进学校？你是怎样进来的？"男孩子回答道："伯伯，我昨晚就在课室里睡觉，我一个晚上都没有回家呢。"祥叔一听，不禁大吃一惊。他连忙问道："你昨晚真的在课室里睡觉？你是哪个班的？叫什么名字？""伯伯，我没骗你，昨天我和爸爸妈妈吵架了，一气之下，我没回家，偷偷留在教室里睡了一个晚上。我叫罗光明（化名），是五（8）班的。"祥叔不禁仔细打量了这个孩子一番，只见他头发蓬松，睡眼惺忪，一副没有睡醒的样子，衣服上还有不少的折痕。祥叔感到事态严重，与父母吵架不回家，还在学校过了一夜，这可是非同小可的事情。于是，他关心地问道："那你现在肚子饿吗？"男孩子回答道："我从昨天晚上到现在都没吃过东西，现在饿极了。"祥叔把小男孩带到了饭堂，为他买了一份早餐。看着他狼吞虎咽地吃完后，祥叔把男孩子带到了政教处。

李立文副校长听了祥叔的汇报后，也感到事态十分严重，同时又觉得不可思议。学校每天放学后都有值日老师和保安员清场，可为什么未能发现男孩子留在教室里过夜呢？如果男孩子一夜未回家，为什么他的家人不来学校寻找呢？他有点怀疑地问道："你真的没撒谎吗？撒谎可是要承担责任的。"男孩子信誓旦旦地回答道："我绝对没撒谎！"李立文说道："你先回去上课，我们会把事情调查清楚的。"

送走了男孩子，李立文副校长来到了我的办公室，把这件事情作了汇报。我也感到非常震惊。他分析道："假如小男孩说的是真的，这说明我们的管理存在着严重的漏洞，万一孩子在学校过夜出了问题，我们将难辞其咎；假如男孩子说谎了，这说明我们的教育出了问题。现在我们要马上查清事情的真相，彻底杜绝管理上的漏洞。"于是，我把总务处副校长黄兴文和五年级驻级领导黄月花主任叫到了校长室。我严肃地通报了事件，并且作出了安排：黄兴文副校长立刻翻看监控录像，查清男孩子的行踪，同时调查值日老师和保安员当天清场的情况；黄月花主任立刻与男孩子的父母取得联系，了解清楚男孩子昨天晚上的去向。

于是，两路人马分头行动，黄兴文副校长马上来到视频监控室，翻看监控录像。他仔细地查看了每个摄像头的记录，终于查出了真相，原来男孩子是当天早上六点多自己攀爬围墙进校的，看来男孩子说谎了。不久，另一路人马也传来了消息，黄月花主任与男孩子家长取得联系，证明男孩子昨天晚上一晚都在家里，家里的摄像头可以作证。两方面的证据都表明男孩子说谎了。听到汇报后，我稍微松了一口气，但也为男孩子居然编出这样的弥天大谎感到生气。于是，我指示李立文副校长好好把孩子教育一番。同时指示黄兴文副校长以这件事为契机，加强值日老师和保安员的管理工作。

李立文副校长把男孩子和他的父母叫到了办公室。在视频监控和父母的作证下，男孩子终于承认自己说谎了。李立文副校长严肃地说：“你知不知道你这样说谎的后果会很严重？”男孩子哭着道：“李校长，我知道错了。”“那你为什么要说谎？”李立文副校长继续问。“李校长，我爸爸妈妈都不爱我，他们都不关心我，他们只爱弟弟。”李立文副校长对着男孩子的父母说：“他说的是真的吗？”男孩子的父母红着脸把他们的家庭情况介绍了一下。原来，他们是一个重新组建的家庭，男孩子的父亲和继母结婚后生了一个儿子，他们把较多的精力都放在了小儿子的身上，男孩子便以为父母不疼他了，于是经常在家里发脾气，并渐渐养成了爱撒谎的坏毛病。面对经常说谎的儿子，父母处理起来简单粗暴——动不动就打骂，结果男孩子与父母的关系闹得越来越僵，男孩子也越来越不听话了。听了男孩子父母的话，李立文副校长语重心长地说道：“我知道许多重组的家庭会和孩子产生各种各样的矛盾，这就需要我们做父母的对孩子保持耐心和爱心。孩子正处在成长期，我们要多花些时间去陪伴他、关心他。否则，积重难返，后果就严重了。”李立文副校长对男孩子说：“天下没有不爱自己孩子的父母，你也要懂得体谅父母的难处才行，你以后有什么不开心的事情，要多和父母交流，也可以向老师倾诉。这次就当作一个教训，以后不准再说谎了。”男孩子的父母连声道谢后，然后带着他回家了。

人们经常说：问题孩子来自问题家庭。为了孩子的身心健康，父母应该对家中的孩子一视同仁，为孩子创造一个温馨、和谐的家庭氛围。

八

家长要守护孩子心灵的健康

儿童的心灵像白云一般纯洁，但也像玻璃一样易碎，需要成年人的小心呵护。

这天，六（5）班的班主任黄丽娟老师接到几个孩子的报告，说班上有三个女同学用小刀割破自己的手臂，有自残甚至自杀的行为倾向。黄丽娟老师一听大吃一惊，这事非同小可，处理此事一刻也不能拖延。于是，她把三位女学生请到了办公室让她们把上衣的袖子卷起来。刚开始，三位女同学还用各种借口推搪，后来在黄丽娟老师的强烈要求下，她们才犹犹豫豫地卷起了袖子。袖子一卷起来，马上露出了胳膊上一条条鲜红的血痕，多的有七八条，少的也有四五条，每条都有四五厘米长，触目惊心，看得人头皮发麻。黄丽娟老师既心痛又害怕，这些孩子该要忍受多大的疼痛啊！如果一不小心割到了动脉，后果将不堪设想。她含着眼泪问道：“你们为什么要这样做？”刚开始，这几个孩子拒不承认是自己割的，她们都不约而同地说是不小心摔在地上擦伤的。可这些血痕排列整齐，长短都差不多，如果不是故意割的根本不可能会是这个样子。在黄丽娟老师的再三追问下，她们才哭着承认是自己割的。

黄丽娟老师继续追问道："你们为什么要这样做？难道不知道疼痛和危险吗？"她们很快便把自残的原因原原本本地说了出来。原来，她们都是因为家庭问题而做出自残行为的，想要以此减轻烦恼，从中获得快乐和解脱。一个叫李悦（化名）的女孩子说道，妈妈老是和奶奶吵架，每次吵完架后都要找她当出气筒，把她骂得狗血淋头。她实在感到太郁闷了，所以才做出自残的行为，可不知为什么，自残后心里反而好受了很多。另一个叫林幸（化名）的女孩子说父母整天闹离婚，经常在她的面前大打出手，她感到自己快要成为单亲家庭的孩子了，以后不知要受多大的苦楚，因此，为了不去想父母离婚的事情，她才做出自残的行为。第三个叫陈欢（化名）的女孩子说她的父母自从生了弟弟后，把所有的爱都给了弟弟，把她当作空气，她感到不受父母的关爱，所以才做出自残行为。末了，她们三人还承认是由于同病相怜而玩到一起的，一次偶然发现自残可以减轻痛苦，所以才做出用小刀割手的行为。她们竟异口同声地说道："黄老师，这样割手挺好玩的，一点也不危险，还可以获得快乐，人也感到轻松多了。"

听完了孩子们的叙述，黄丽娟老师用纸巾擦了擦眼中泛出的泪水。她把这三只受伤的小手放在自己的手心里，爱怜地说道："孩子们，你们这样做实在是太愚蠢了。心里有烦恼，可以找父母、老师、同学和朋友倾诉，用自残排解烦恼，这种行为绝对不可取！这样吧，一方面，我会找你们的父母聊聊，让他们不再给你们制造烦恼；另一方面，我们去学校的心理辅导室，找心理老师咨询一下解决的办法，好吗？"

于是，黄丽娟老师和她们一起来到了学校心理辅导室，心理老师听完她的讲述后，为每个女孩都进行了心理疏导。最后，还对她们说道："学校有一个心理宣泄室，里面有很多宣泄器材，以后心情不好的时候，可以到那里进行宣泄，那些办法健康有益。但你们必须保证不会再做出自残的行为。"经过心理老师的治疗，她们脸上终于有了笑容。

接下来，黄丽娟老师把她们的父母请到了学校，把三个孩子自残的行为和原因都做了详细的说明。三个孩子的父母听完后都陷入了深深的沉思。他们想不到自己的行为居然会给孩子们带来这么大的伤害。李悦的母亲保证，以后再也不拿孩子当出气筒了，要与孩子的奶奶和睦相处。林幸的父母说，以后再也不在孩子面前打闹了，要给孩子一个完整的家庭。陈欢的父母后悔道："我们的确有些冷落了孩子，以后会给她更多的关爱。"得到了孩子父母的保证，黄丽娟老师才松了一口气。正所谓：心病还需心药医，解铃还须系铃人。家庭才是孩子健康成长的港湾。

为了引导孩子们重视生命健康，黄丽娟老师还在班级召开了以"珍惜生命，守护健康"为主题的生命教育班会。她结合教学内容，对学生进行了认识生命、珍惜生命、尊重生命、热爱生命以及提高生存技能和生命质量的教育活动。她指出"生命的价值是无法衡量的"，"一朵花，只能开一次，只能享受一个季节的热烈或者温柔"。通过摆事实、讲道理、引用名言警句等方式，引起了学生对生命的重视。

黄丽娟老师还密切关注这三个女孩子的日常行为，一旦发现有不良的苗头，便立刻找她们进行心理抚慰。通过多措并举，这三个女孩子很快便走出了导致自残行为的心理阴影，重新变得阳光积极起来。

九

家长不要过度溺爱孩子

“快来人啊！杀人了！”一声凄厉的惨叫声划破陈华村宁静的长空，还在午睡的人们猛然从梦中惊醒。许多人迅速循声跑去，远远地便看见一个女子站在一间二层楼高的洋房外披头散发，双手举向天空，不停地大声呼救。人们飞快地跑到这间房子门口一看，里面的情景让人惨不忍睹，触目惊心。大厅中间，一个年老的妇女浑身是血地躺倒在鲜红的血泊之中；一个年轻的男子手持一把还在滴血的菜刀像木头似的站在旁边，左手扶着墙壁，头差不多垂到了胸口，脸色苍白如纸，神情呆滞，大口大口地喘气。室内的家具凌乱不堪，有几张椅子还东倒西歪地倒在地上。

那女子见有人前来，立刻用颤抖的声音喊道：“快报警，陈光泽（化名）把他的妈妈杀死了。”有村民立刻拨打了报警电话。这时，陆续跑来了一大群村民，每个人都被眼前恐怖的画面吓得面如土色，没有一个人敢出声，也没有一个人敢进去，现场陷入了死一般的寂静。

很快，远处便传来了警车汽笛的鸣叫声。不一会儿，几辆警车便停靠在路边，几个年轻的民警迅速下车，飞快地跑到案发房间的门口，往里面一看，也被眼前恐怖的一幕震惊了。他们立刻拔出手枪，指着里面的年轻人喊道："立刻把刀放下，不然我们要开枪了！"年轻人见警察出现了，反而显现出一种如释重负的神情。"咣"的一声，菜刀掉在了地上。"双手抱头，蹲在地上！"警察继续喊道。年轻人也很听话，慢慢地双手抱头，缓缓地蹲在了地上。几个警察雷厉风行，迅速给年轻人戴上了手铐。见杀人凶手终于被制服，现场的村民长长地舒了一口气。

警察迅速用警界带封锁了现场。120救护车很快便呼啸而至，经过医护人员的现场查看，发现被害人已无生命体征，于是当场宣布被害人已经死亡。警察把那位呼救的女子叫到一旁，想初步了解一下事情发生的真相。警察问道："你叫什么名字？你是死者的什么人？你和杀人嫌疑犯是什么关系？当时究竟发生了什么？"女子双手抱头，号啕大哭了一会儿，才忍住悲痛说："我叫李惠珍（化名），死者郑月兰（化名）是我的婆婆，杀人犯陈光泽是我的丈夫，也是死者的儿子。今天中午，陈光泽再次向他妈妈要钱，他妈妈不给，于是双方便发生了激烈的争吵。没想到在争吵的过程中，陈光泽居然从厨房里拿出菜刀，把母亲给杀死了。"

这时，村民们也很快弄明白了眼前发生的一幕惨剧的真相。这是陈华村从没发生过的惨案。陈光泽今年才三十岁，是死者的儿子。父母一向对他宠爱有加，早早便帮他成家立业，没想到他居然把屠刀挥向了年迈的母亲。就在村民们议论纷纷的时候，死者郑月兰的丈夫陈向前（化名）从外面回来了。当他看到倒在血泊中的妻子，听了村民的讲述后，立刻大叫一声晕倒在地上。医护人员立即对陈向前展开了救治，又是按人中，又是涂药油，好一阵子才把他救醒。醒来后，他放声大哭。

经过法医的现场查验，郑月兰一共被重重地砍了五刀：一刀砍在脖子上，一刀砍在肚子上，其余三刀砍在了大腿上。听了法医的现场反馈，村民们都被陈光泽残忍的手段震惊了，每个人都不寒而栗。人们不禁要问：这对母子究竟有什么深仇大恨，竟让儿子下那么重的手。

村民们在村主任和几位德高望重的长者的带领下，按照当地的习俗为郑月兰办理丧事。她的丈夫陈向前完全陷入了悲痛，时而昏迷，时而清醒，根本无法处理各项丧葬事宜，全靠村民们同心协力办理。丧事办得十分隆重。以往村中有长者去世，村民们还像过节一样把丧事办得热热闹闹，但这次丧事气氛却异常的沉闷，虽然鼓乐喧天，可每个人心里都像堵了一块大石头似的，每个人都眉头紧皱，心事重重。丧事终于办完了，可每个人心里都有一个个解不开的谜团——陈光泽为何要亲手破坏这个曾经那么幸福的家庭呢？这个支离破碎的家庭今后又将如何呢？

陈向前今年五十多岁，是陈华村中少有的精明的生意人。他一直以来主要从事回收废旧金属的生意。他头脑精明，眼光独到，因此很快便积累起一笔令人羡慕的财富，家里早早建起了两栋别墅。他的妻子郑月兰今年也是五十多岁，夫妻俩育有一对子女。大女儿很早便嫁了出去，小儿子陈光泽高中毕业后便子承父业，跟着父亲一起从事回收废旧金属的生意。陈光泽二十三岁那年，陈向前便为他娶了一个漂亮、贤惠的妻子李惠珍。李惠珍很快便生了一对可爱的子女。一家人本来过得有滋有味，可没想到一向看似安分守己的陈光泽竟然干出这么大逆不道的事情，让这个幸福的家庭瞬间灰飞烟灭。

其实，陈光泽干出这样灭绝人性的事情，与他最近几年沉迷赌博有着重大的关系。

陈光泽是“含着金钥匙”出生的。由于家庭比较富裕，父母又把他视作掌上明珠，宠爱有加，所以他的吃穿用度都是全家最好的。只要是市面上能买到的好东西，只要是陈光泽想要的，陈光泽的父母都会千方百计满足他，他们对孩子的爱护简直到了含在嘴里怕化了、捧在手上怕摔了的程度。小时候，谁要是想抱抱他们的孩子，他们非得让人家洗几回手，换上干净的衣服不可。只要人家抱的姿势稍微有点不合他们的要求，他们肯定要抢回来自己抱，还要对人家指手画脚批评一顿。因此，村里渐渐没人再敢抱他们的孩子。他们还把村中的孩子分成三六九等，不允许自己的儿子和村中比他们家穷的家庭的孩子玩耍，只欢迎那些有钱人家的孩子和儿子来往。对此他们还有堂而皇之的理由——近朱者赤，近墨者黑，他们要从小培养孩子的“贵族”气质。小孩子一起玩耍难免会有些磕磕碰碰，每次他们都不分青红皂白，把矛头指向对方的孩子。谁要是弄哭了他们的儿子，他们非上门把人家骂得狗血淋头不可。于是，村中和他们儿子玩耍的孩子也越来越少了。

在他们的“精心”呵护下，陈光泽也渐渐变得骄横任性、胡作非为。有一次，他和几个小伙伴偷偷溜进了一个独居老人的家里。看见老婆婆家里有一口黑漆漆的大锅，于是他就和小伙伴们想出了一个恶作剧。他们把几把沙子当米和几块砖头当肉放进了铁锅里，玩起了“做饭”的游戏。他们把灶里的火烧得很旺，没想到把大锅烧穿了。他们当时一点也不觉得害怕，甚至还提出想看一看老婆婆回来后会有怎样的反应。于是，他们偷偷地躲在了门后，静静地等待好戏的上演。老婆婆终于回家做饭了，可却发现自己的铁锅烂了，锅里还有沙子和砖头，不禁勃然大怒。看着老婆婆生气的样子，他们觉得十分好玩。他们不约而同地从门后跳了出来，高声地喊道：“阿婆，请您吃‘腊肉饭’。”说完便哈哈大笑起来。阿婆一听便全明白了，原来是这几个小家伙做的“好事”。于是，她拿起一根竹枝便追了出来。他们几个见势不妙，纷纷作鸟兽散。陈光泽由于年纪最小，跑不快，后背挨了两下，他哭着跑回了家里向父母“告状”。他的父母非但没有好好教育儿子，反而还来到老人家里，把老婆婆狠狠地骂了一顿。他们还强词夺理地说：“谁让你不关好门？不就是一个烂铁锅吗？我儿子身娇肉贵，打伤了你赔得起吗？”老婆婆被骂得掩面痛哭。村里有人实在看不过去了，便劝告陈向前要好好教育孩子，不能让孩子任意妄为，否则以后定会积重难返。陈向前夫妇不但不纠正自己错误的教育观，反而指责别人多管闲事。在父母无原则的呵护下，陈光泽也变得更加肆无忌惮了。他成了村中的“霸王”，人人都对他避而远之。

上学后，陈光泽很快便成了校园的“小霸王”。不论读哪个年级，他的身边总会围拢着一大群“马仔”，而他拉拢“马仔”最常用的手段便是金钱诱惑。由于他家里有钱，加上父母的过度宠爱，他每天到学校都带着很多钱，而且他出手十分大方，不管是认识还是不认识的，只要提出要他请客，他都来者不拒。在他的金钱攻势下，许多人唯他马首是瞻。因此，他在学校便变得横行无道了。老师们经常提醒陈向前，不要给孩子太多钱，这样只会把孩子宠坏。可陈向前却十分赞赏儿子懂得用金钱收买人心的“高招”，认为儿子将来一定会有“出色”表现。于是，陈向前便把老师们的提醒当作了耳边风。由于身边有一群“马仔”，陈光泽只要看谁不顺眼，便会指挥自己的“手下”对他人大打出手。三天一小闹，五天一大打，渐渐便成了陈光泽的家常便饭。每次老师约谈家长时，陈向前都想方设法包庇儿子的错误，甚至还赞赏儿子有“大哥”风范。在父母的纵容下，陈光泽变得更加无法无天了。

可正所谓：众生皆是菩提果，恶人自有恶人磨。陈光泽虽然有一群“马仔”，但不过是一群“乌合之众”。有一次，陈光泽遇到了真正的对手。对方不但把他的“马仔”打得七零八落，甚至还把他狠狠地教训了一顿。本来可以借这件事好好挫挫孩子的戾气，谁知陈向前知道儿子被打后，不但不引以为戒，相反还呼朋唤友聚集了一大群人来到学校，气势汹汹地要为儿子讨回公道——他们非要陈光泽把对方打一顿出出气不可。可对方家长也不是好惹的，很快也聚集了一群人来到学校。眼看双方“大战”一触即发，学校只好报警求助。最后在警方的调停下，双方才平息了争斗。经历过这件事情后，陈光泽以为有“大山”倚靠，变得更加有恃无恐了。

在父母的纵容下，陈光泽根本无心向学，成绩自然是一塌糊涂。有老师曾经劝陈向前：“你儿子本来有一颗聪明的脑袋，可惜却不放在学习上。”陈向前满不在乎地回答道：“我有的是钱，只要他学会计数就行，将来由他接管我的生意。”每次老师的好言相劝，陈向前都当成了耳边风，老师们只好摇头叹息。只要陈光泽不惹是生非，就算他的学业成绩再差，老师们也只能睁一只眼，闭一只眼。

高中毕业后，陈光泽说什么也不肯读书了。于是，他便跟着爸爸做起了回收废旧金属的生意。他做起生意来可是有板有眼。由于他朋友多，出手大方，为人仗义，所以生意做得红红火火，甚至比他爸爸做得还要好。见儿子能承继父业，陈向前当然十分高兴，渐渐便把生意交给儿子全盘打理。陈光泽也不负重托，将父业发扬光大，把生意做得风生水起。结婚后，陈光泽很快便生了一对儿女。正当陈向前准备含饴弄孙，好好享受晚年的时候，一场大祸却悄悄降临了。

陈光泽自从掌管了父亲的生意后，一方面赚得盘满钵满，另一方面在物质享受上变本加厉。他经常出入各种高档的酒楼和娱乐场所，夜夜笙歌，胡吃海喝，花天酒地，夜不归宿，醉生梦死。面对丈夫的荒唐行为，妻子一开始还苦口婆心地劝说，可陈光泽依然我行我素。见自己劝不动丈夫，李惠珍便转向公公求助。可陈光泽的父亲反而劝儿媳："男人在外面花天酒地，有时也是为了做生意，你就包容点吧！"眼见劝不动公公，李惠珍也只好听之任之了。凭借着雄厚的经济实力，陈光泽完全有能力承担大吃大喝的消费。可陈光泽染上了赌瘾，最终把这个家庭推向了万劫不复的深渊。

一次酒足饭饱后，陈光泽又和朋友打起了麻将。以往他们打的麻将都是娱乐式的，小赌资，消磨时间。可这次，朋友却提出把赌资加大几倍，这样才够刺激。刚开始，陈光泽不同意，他说："打那么大干嘛，又不是赌身家？"朋友讥笑道："你不敢打就算了，我可以叫人来替你。"陈光泽最受不了别人激他，于是，他二话不说便把一大捆钱放到了桌上。这一晚上，陈光泽足足赢了几万块钱。尝到了甜头的他开始不愿意参加以往的小打小闹的赌局了，觉得一点也不刺激。他在朋友介绍下，开始出入各种地下赌场，甚至还经常到澳门赌博。

刚开始，他还能有所节制，而且有胜有负，金钱出入相对平衡。但后来他却越输越多，有一次甚至输了两百多万元。随着输钱的次数越来越多，他变得更加疯狂了。他把全部精力放在了赌博上，再也无法安心做生意了。他还不断挪用做生意的钱，结果造成了资金链的断裂。妻子李惠珍见丈夫终日沉迷于赌博，便让公公好好劝劝丈夫。刚开始，陈向前没有觉得有多大的事——男人嘛，打打麻将也正常。但后来，他发现儿子沉迷赌博不能自拔，生意也越来越差，陈向前再也沉不住气了。他劝儿子道："光泽，你这样赌下去，连身家性命都会输掉的。"可这时的陈光泽已经是输红了眼的赌徒，十头牛都拉不回来。无奈之下，陈向前只好重新接管了生意。

没有了财权，加上在赌场上连连败北，陈光泽很快便把积蓄输得干干净净，甚至还在外面欠下了不少赌债。面对气势汹汹前来要债的债主，刚开始陈向前还帮儿子还债。每次还完债后，陈向前都苦口婆心地劝说儿子把赌瘾戒掉，可这时的陈光泽怎么劝也不愿回头了。于是，父子俩便经常发生激烈的争吵，甚至到了反目成仇的境地。陈向前二话不说断绝了陈光泽的经济来源，每个月只给陈光泽一家提供基本的生活费。没有了赌资来源，陈光泽只好不断以各种名义向朋友借钱。一开始，朋友们看在以前曾经受过他恩惠的份上，都愿意借一点钱给他，可他很快便输得精光。正所谓：有借有还，再借不难。可借钱给陈光泽简直就是肉包子打狗——有去无回，面对这个无底洞，朋友们都不愿意再借钱给他了。借不到钱，他便向妻子索要，强迫妻子卖掉了所有的金银首饰，但很快便输得一文不剩，甚至还负债累累。

面对债主，陈光泽的妈妈郑月兰心疼儿子，偷偷把自己的私房钱给儿子还赌债。她哭着哀求儿子："光泽，你醒醒吧，我们的家产都让你输得差不多了。"陈光泽看着母亲的眼泪，也发誓要把赌瘾戒掉。如果这时候陈光泽能悬崖勒马，他还有东山再起的机会，也不会酿成无法挽回的悲剧。但难以戒掉的赌瘾却像魔鬼一样纠缠着陈光泽，最终酿成了一幕惨剧。

好了伤疤忘了痛。经历了一段"冬眠"的蛰伏后，沉睡在陈光泽身上的"赌虫"又苏醒了。他又开始四处出击，妄图把输掉的钱赢回来。可很快他又欠下了一大笔赌债。面对债主的疯狂追债，他只好把还债的希望寄托在母亲的身上。但这一回，母亲郑月兰对他彻底死心了。

这一天，陈光泽哭着哀求母亲救自己最后一次，并发誓以后再也不赌了。郑月兰这时说什么也不肯相信，她伤心地说道："光泽，我的钱全都让你输光了，我也是无能为力了。"见自己最后一根救命稻草也拒绝了帮自己还债，陈光泽彻底绝望了。他继续哀求道："妈，你去问爸爸要钱，不然我肯定会被人砍死的。"郑月兰决绝道："要问你自己去问，说什么我也不会再帮你了。"陈光泽见说不动母亲，飞快地跑向厨房，拿了一把明晃晃的菜刀，指着母亲威胁道："你帮不帮，你不帮我就杀了你。"郑月兰完全绝望了，她没想到自己的儿子居然会做出如此大逆不道的事。她一推旁边的椅子，指着儿子绝望地喊道："你杀吧，我死也不会帮你。"完全失去理智的陈光泽便把利刃挥向了母亲，对着母亲连砍几刀。可怜的母亲还来不及说半句话，瞬间便倒在了血泊之中，死在了儿子的屠刀之下。陈光泽的妻子听到打斗声，连忙跑过来，立刻被眼前的一幕吓呆了。她发出撕心裂肺的惨叫声，打破了村庄夏日的宁静。

这个故事在让人扼腕叹息的同时，也值得每个家长进行深深的反思。过度的溺爱，培养不出健康的孩子，反而会成为摧毁孩子的毒药。

十

家长要认识到学困生也会有春天

高考历来被家长们看作是决定子女命运前途至关重要的一步。每年高考放榜，总是有笑有泪，有喜有悲，几家欢乐几家愁。很多家长把是否考上大学与子女的前途命运好坏捆绑在一起，把读大学看作孩子唯一的出路，大有毕其功于一役的想法。

随着中考分流政策的出台，高考决定命运的战线开始前移，家长们开始意识到中考才是分水岭。因为只要考上高中，最不济也能考上大专；否则只能入读中等职业学校。

今年，我有三个朋友的孩子中考成绩不理想，只能入读中职学校。中考成绩公布那天，我的那三个朋友宛如遭遇晴天霹雳，一个个呆若木鸡。为了排解忧愁，他们一起抱团疗伤，借酒消愁，自怨自艾。

其实，不仅仅是我的三位朋友，相信这也是许多子女入读中职学校的家长的真实写照。那么，孩子入读中职学校就一定没有前途，将来一定会屈居人下吗？未必。

一方面，我们要相信国家会把职业学校越办越好。国家设立职业学校的目的绝不是收容一群学习不好的学生，让他们浪费光阴，虚度年华。职业学校降低准入门槛，让许多低分的学子有了一条新的出路。中职学校培养的更多的是技术型人才，开设的重点科目不是文化科目，所以学生在中职学校毕业后掌握的是技术，他们身上有技术，只是缺经验，磨炼、积累一些经验后他们也定成为一行之人才。既然考不上高中，为何不选择一所中职学校，掌握一门技术呢?

由于高中招生的要求比较高，并不是每个学生都可以读高中，所以成绩差又不想马上走入社会的学生就可以选择读中职学校，很多学生不甘心只读个中职学校，就可以把中职学校作为一个跳板，读完后继续选择升学，追求更高的学历。

另一方面，家长要改变孩子的成才观。许多家长把好大学与好孩子画上等号，这其实是极其短视且功利的行为。正所谓：天生我才必有用。成绩好固然有成绩好的优势，学困生亦未必一无是处。上帝关上一扇门，也会开启一扇窗。每个孩子都如同一颗螺丝钉，都会找到属于自己的位置。孩子能身心健康，遵纪守法，自食其力，不也是成才的标准吗？人中龙凤毕竟凤毛麟角，芸芸众生中平凡人居多。

2017年，在第44届世界技能大赛上，年仅19岁的广东小伙梁智滨以出色的表现夺得砌筑项目冠军，这是中国人在世界技能大赛砌筑项目中拿到的第一枚金牌。

为了减轻家里的负担，初中毕业后梁智滨选择去广州市建筑工程职业学校读施工专业，他经常自嘲：“读这个专业的学生，以后都是搬砖的。”

入学一年后，梁智滨才第一次接触砌筑，经过一周的砌砖实操体验课，因为表现突出，他被教练林晓滨相中。2015年，学校开展砌筑项目竞赛选拔人才，梁智滨抱着试一试的态度报了名。刚开始报名的人有近200个，大家都在大铁棚里集训，没有电扇和空调，夏天闷热无比，很多学生因吃不了这种苦而纷纷放弃了，才过了一个月，坚持下来的人只剩下几十个。

梁智滨从小就帮家里干农活，养成了吃苦耐劳的精神。集训时每天蹲上蹲下1000多次，他忍着腰酸腿痛坚持着；一铲灰、一块砖、一挤压，每天重复300多下，砌墙、推倒、再砌，他不断重复着相同的动作，力求把每块砖都砌得又快又好，每条砖缝都处理得干干净净。为了训练手感，梁智滨训练时从来不戴手套，10个手指都长满了血泡，有时血泡破了，一碰到泥浆疼痛难忍，他就贴上一片创可贴，如果还疼，就再贴一片。即使十个指头贴满了创可贴，他也还是继续坚持训练。“既然要做就要做到最好，做不好我会推倒重来。”梁智滨说。砌墙过程中，不管是水平测量、垂直测量还是角度测量，他都不允许自己出现偏差。

梁智滨白天练习，晚上回到宿舍便会总结当天的得失，避免下次再犯同样的错误。2年时间里，梁智滨砌出了400多面墙，专业能力也不断地提升。他在竞赛中一路过关斩将，层层胜出，最终获得了世界技能大赛的参赛资格。代表着世界职业技能最高水准的世界技能大赛，这个大赛又被叫作“世界技能领域的奥林匹克”，能参加的人都是世界数一数二的顶尖选手。

在这场比赛中，梁智滨使用的工具达20多种，他砌出了三堵漂亮的墙面，夺得冠军。在接受采访时，梁智滨说：“成功源于平日的积累。没有之前的重复训练，我是不可能拿到世界冠军这个荣誉的。”

年纪轻轻的梁智滨，完成了从“搬砖”的中专生到“大国工匠”的人生逆袭。他的经历告诉我们，成功不止考名校这一条路，只要肯努力、肯付出，中专生也能收获成功的果实，学困生也会有自己的春天。

十一

家长要接受孩子的平凡

一天，我在办公室接待了一位前来写职务晋升证明材料的前同事刘老师。出具证明材料后，我们便天南地北地聊了起来。刚开始，我们聊工作、聊生活、聊婚姻、聊家庭，每个话题都能引发我们阵阵会心的笑，气氛十分轻松愉快。聊着聊着，我们便不由自主地聊到了各自的孩子。这时候，刘老师突然眉头深锁，脸上乌云密布，一副心事重重、欲言又止的样子。他停了一下，然后深深地叹了一口气，接着又轻轻地摇了摇头，说道："唉，最近和儿子关系紧张，甚至到了水火不容的地步。"

我半信半疑地问道："不会吧？你的儿子才读五年级，父子间怎么可能闹得这么僵呢？"刘老师便竹筒倒豆似的把一肚子苦水说了出来。原来，刘老师和儿子产生矛盾，其实都是分数惹的祸。最近几次测验，儿子发挥得不太理想，成绩有下滑的趋势。为此，刘老师感到忧心忡忡，心急如焚。经过一番思前想后，刘老师把儿子成绩退步归咎于儿子最近把心思花在了打篮球上，分散了注意力，一心二用。因此，他要求儿子不要再去打篮球了，先把成绩赶上来再说，同时还帮儿子报了补习班。可儿子也不是没有思想的提线木偶，他怎么会言听计从呢？他认为爸爸管得太宽了，小孩子整天只知道读书，像个书呆子似的，有什么用呢？何况成绩有波动也是正常的现象。见儿子不听自己的话，刘老师便采取了强硬的措施，没收了儿子的篮球。每天一下班，刘老师便急忙赶回家里监督儿子做作业，同时还强制孩子节假日参加校外的补习班。他以为这样一来，儿子就会乖乖学习，谁知儿子却消极对抗，虽然他身不在球场，但心却飞到了九天之外。爸爸坐在旁边他还能装模作样地做作业，但只要爸爸稍不留神，上个厕所，喝杯水，煮个饭，他不是坐在椅子上发呆，就是见缝插针地玩一下手机、听一听歌、看一会电视，父子俩玩起了猫捉老鼠的游戏，把刘老师弄得手忙脚乱，顾此失彼。刘老师让他参加补习班，但每天早上让他起床总要费一番周折。开始是劝，接着是骂，最后是打，他才慢吞吞地起床。去了补习班，他不是昏昏欲睡，就是“大闹天宫”，结果引来补习老师的诸多投诉。如果儿子的成绩最终提升了，刘老师还能够忍受。但却事与愿违，儿子的成绩还是不温不火，根本没有半点起色。看着自己白白浪费了时间、精力和金钱，刘老师不禁怒火中烧。他狠狠地把儿子骂了好几顿，谁知儿子却不愿再逆来顺受了，不是出言反击，就是掉头就走，结果父子之间势如水火。不提成绩还好，只要一提起成绩，家里马上战云密布，战鼓轰鸣。为了提升儿子的成绩，刘老师终日忧心忡忡、闷闷不乐。

其实，我十分理解刘老师的心情，因为我也是过来人，我也有过切身的体会。正所谓：可怜天下父母心。自孩子自呱呱坠地的那一刻起，每个父母都对孩子的未来充满了希望，这也是十分正常的现象。谁敢说这孩子将来不会成就一番惊天动地的事业呢？谁敢说这孩子将来不会成为一个叱咤风云的人物呢？望子成龙，望女成凤，是每一个父母的期望。为了孩子能成才，许多父母不惜节衣缩食，把金钱投入对孩子的教育中；不惜放弃自我，放弃社交，把精力投入对孩子的培养上。买最好的学区房，上口碑最好的学校，还要陪着孩子奔波于各个大型教育培训机构，就是希望孩子能取得好的成绩，考上好的大学，获得一份好的工作，成就一番大的事业。因此，分数成了父母关注的焦点、心情的晴雨表，往往愁因分数起。孩子的成绩牵动着父母的神经，只要成绩有一点下滑，父母便感觉如临大敌，仿佛天快要塌下来似的。

根据教育的本质和人才培养规律，人才就像是一个金字塔，绝大多数孩子都处在塔座的位置，只有少数孩子能攀上塔尖。每个父母都希望自己的孩子能成为塔尖上的那一小部分人，不愿接受孩子的平凡。但孩子的成绩除了与自身的努力有关外，还和先天因素、家庭环境、社会背景、人际交往有着千丝万缕的联系。举一个简单的例子，姚明能成为NBA（美国职业篮球联赛）殿堂级人物，除了自身的努力外，还和天赋密不可分。如果你没有姚明这样的天赋，就算你比他再努力百倍也不可能达到他的高度。

因此，随着孩子不断长大，父母要根据孩子的实际情况，不断调整自己的预期目标，关注的焦点也不要集中在孩子的分数上，而更应该关注孩子多方面的习惯和身心健康。如果孩子阳光自信、乐观向上、自立自强，就算成绩差点又有何愁呢？

许多家长之所以患上“分数焦虑症”，一方面是因为担心孩子没有较高的学历，将来无法在社会上立足，影响孩子的前途和命运，另一方面是因为家长的攀比心理。看着别人家的孩子成绩出类拔萃，自己的孩子成绩却是平平无奇，于是便感到脸上无光，低人一等。因此，便不顾孩子的实际情况，强行给孩子加压，强行赶鸭子上架，结果弄得亲子关系十分紧张，有的甚至还因此产生了悲剧。

其实，每个人都是独一无二的个体，每个人都会有自己的独特之处，绝不会一无是处，一无所长。何况在现代社会，除了需要部分高精尖人才外，更多需要的是基层的劳动者。正所谓“三百六十行，行行出状元”，只要孩子能够守住做人的“底线”——三观正确，遵纪守法，踏实肯干，又何愁不能找到立身之处呢？

在人生的百花园里，参天大树、奇花异草毕竟是少数，更多的是遍地都是却能够茁壮成长的小草。

接受孩子在成绩上的平凡吧，你会发现自己的孩子是如此独一无二的个体！

第三部分

广东省教育科学研究项目“粤北山区农村小学家校共育课程的研究”的成果展示

广东省级课题“粤北山区农村小学家校共育课程的研究”进入实施阶段以来（2022年5月—2024年6月），课题组根据实施阶段研究方案稳步推进各项研究工作，取得了初步的研究成果。

一、研究背景

苏联著名教育学家苏霍姆林斯基说过：“没有家庭教育的学校教育和没有学校教育的家庭教育，都不可能完成培养人这样一个极其细微的任务。”《中共中央　国务院关于进一步加强和改进未成年人思想道德建设的若干意见》中明确指出：家庭教育在未成年人思想道德建设中具有特殊重要的作用，要把家庭教育与社会教育学校教育紧密结合起来。《中华人民共和国家庭教育促进法》也规定：“中小学校、幼儿园应当将家庭教育指导服务纳入工作计划，作为教师业务培训的内容”，“定期组织公益性家庭教育指导服务和实践活动”。事实上，家庭和学校任何一方都无法独自完成对孩子优秀的教育和培养，孩子的健康成长和全面发展需要家校双方形成教育合力，需要有效整合双方各自的教育优势、资源和力量，从而共同完成育人的职责和使命。

为了更加真实地了解当前农村地区小学家校共育的现状，课题组特地设计了调查问卷，对清远当地5所农村小学（工作室成员所在学校）进行了问卷调查。通过对调查教师的结果、家长的访谈内容和调查问卷的分析和总结，我们认为当前农村小学家校共育的主要现状表现在以下方面。

1.学校教育的无奈

学校教育常常有自己的无奈，许多老师经常感叹“5+2=0”，也就是说学校辛辛苦苦5天教育的成果，经过2天的不良家庭教育便化为泡影、付诸东流了。究其原因，在于学校与家庭之间还没有形成命运共同体，没有建立良好的合作关系和机制。其实，许多教师不善于与家长沟通交流，尤其是与那些品行不良和学习成绩不佳的学生的家长。那些问题学生的家长总会收到老师各种各样的投诉，而有些家长面对老师三番四次的投诉，会变得不耐烦和焦躁。一来，他们自己对孩子的教育也无能为力；二来，他们总认为教育孩子是老师的主要责任，不能动不动就推给家长。于是，老师和家长之间往往产生矛盾，有时甚至势如水火，剑拔弩张，由于家校之间不能形成良好的协作关系，所以，对孩子的教育效果大打折扣。

2.家庭教育的迷惘

家庭是孩子人生的第一所学校，父母是孩子的第一任老师。我们常说：问题孩子来自问题家庭。家庭教育的缺失对孩子的身心健康造成的不良影响往往是终身的。父母的言传身教、一言一行都将对孩子的成长起着潜移默化的作用。许多家长不是没有认识到家庭教育的重要性，而是受限于自身观念、文化素质、生活压力、婚姻关系、家教知识贫乏等因素，未能给孩子营造一个健康成长的家庭环境。这时候，他们急需一盏指路的明灯，而这盏指路的明灯便有赖于学校来点燃。

3.家校共育的低效

家校合作往往被置于学校事务的边缘，部分人认为学校的主要责任是完成学科教育、德育工作，或者是基于提高学生成绩的目标进行家校合作，而不是与家长的沟通、合作。在这样的家校合作中，家庭成为学校教育的附属，家长的主体地位被剥夺，他们仅仅是按照学校要求对孩子进行作业辅导或者道德管教。这样的家校合作不仅失去了调动家长积极性的机会，而且还使得家长过分重视孩子的智力教育，忽视人格教育。

家校合作的形式通常是家长会，而家长会的内容也较固定，以介绍学生成绩为主。另外还有一些合作形式如学校开放日、亲子活动、家访、家长委员会、家长教师协会、“家长学校”等，这些合作表面上看丰富多彩，实际上却缺乏实效性。开放日时学校动用大量的人力、物力排演节目、组织活动，往往只为完成任务，至于深层次的交流根本无暇顾及；亲子活动能够拉近家长与孩子的距离，提供亲子共同体验的机会，本该深受家长和学生的喜爱，但许多学校的亲子活动并没有经过精心策划，而是照搬模板，一成不变，不能够体现学校文化特色，仅仅作为一种文娱活动开展，不仅浪费时间，还会降低家长参与的积极性；家访是一项需要长期进行的工作，这对于教学任务繁重的教师来说是很难坚持下去的；家长委员会需要相对优秀并积极的家长主动地参与，而一些文化程度较低或者较被动的家长就会被排斥在家委会的“大门”之外；“家长学校”尽管能够教给家长一些教育知识、教育方法，但每个家庭都有自己的特点，“家长学校”不可能在有限的课堂内针对不同的家庭提供个性化的指导。

基于以上的原因，我们认为家校之间只有结成命运共同体、合作共同体、利益共同体，真正实现家校共育，心往一处想，劲往一处使，拧成一股绳，才能有效提高学校教育教学的质量。提高家校共育水平的途径和手段多种多样，其中，开发家校共育课程便是一条能起到良好效果的重要路径。但现时家校共育还没有形成一套较为完备的课程理论体系，尤其是粤北山区农村小学的家校共育充斥着经验主义和形式主义，哪里出现问题就研究哪个问题的现状，往往造成家校双方疲惫不堪，无所适从，家校共育效果大打折扣。因此，我们认为有必要开展粤北山区农村小学家校共育课程的研究。

二、研究措施

（1）收集资料学习相关理论，在学习与研究的基础上确定本阶段的实施计划与方法。

（2）创设课题交流平台，分享实践经验，研讨面临的研究困惑。

（3）以记录的方式留下研究性活动的痕迹，结合此动态过程，反思自己的研究行为，不断总结，提升研究能力。

（4）设计粤北山区农村小学家校共育现状调查问卷，初步了解粤北山区农村小学家校共育的现状及原因。

（5）开发粤北山区农村小学家校共育的课程及辅助资源。

（6）选好实验班与对比班，实施粤北山区农村小学家校共育课程的策略。

（7）定期组织课题组成员进行实验总结，及时修改课程，调整实施策略。

（8）定期组织课题组成员外出参观学习，收集各方面的信息。

（9）定期邀请顾问或专家对课题研究进行“把脉”，牢牢把握研究航向。

三、研究成果

（一）梳理出粤北山区农村小学家校共育现状及成因

2022年11月9日，课题组在成员所在校分别对学生373人和学生家长489人发放了调查问卷，并进行了个别访谈。对调查问卷和访谈反馈的数据进行分析、比较后，发现粤北山区农村小学家校共育普遍存在下列问题：

1.家校共育流于形式，未真正形成教育合力

“团结就是力量”，一个人的力量毕竟有限，只有团结合作才能实现共同进步的目标，但是，目前“家校共育”中的许多教师和家长的合作意识还比较淡薄，他们还没有意识到合作的重要性，这使得学校教师与家长根本没有实质性地联系起来，双方只有在学生出现问题的时候才会进行交流和沟通，缺乏积极、主动进行沟通的意愿。另外，家长的思想存在问题，有的家长认为学校有责任和义务教育学生，认为只要学生进入学校，所有的教育问题都由学校解决，自己根本不用关注孩子，从而使得学生的家庭教育比较欠缺，使得“家校共育”流于形式，未能发挥出其应有的作用。

2.家长过分注重成绩，忽略了孩子全面发展的需求

由于受到高考压力以及传统教育理念的影响，很多家长最关心的、认为最重要的是孩子的考试分数，家长对考试分数过分看重，把成绩好坏作为衡量孩子好坏、预测其是否成才的唯一标准。因此很多家长对孩子的知识、智力抓得很紧，将学习成绩视为学校教育内容的全部，从而忽略了孩子的行为习惯、品德教育，忽视了孩子的人格培养，最终导致孩子不能全面健康发展。很多家长要求孩子把平时用来玩乐的时间全部用来学习，并且布置一大堆作业让孩子完成，这种过度的学习压力使得孩子失去了学习的兴趣，不仅达不到很好的教育效果，还有可能影响孩子身心发展。

3.家长自身缺乏先进的教育教学理念和教育方法

家长是学生成长的第一任老师，家长的一言一行、一举一动都对学生有着很深的影响，所以，家长自身的素质非常重要。受地域条件的限制，粤北山区农村小学学生家庭经济及生活条件普遍一般，家长受教育程度普遍较低，综合素质普遍不高。他们缺乏先进的教育教学理念和教学方法，不懂得

如何真正提高学生的学习能力，如何让学生健康全面发展，甚至有的家长还存在误解，认为只要给学生请家教，一直让学生学习就能帮助学生取得好成绩，但是事实往往与此相反，学生的成绩不仅没有提高，反而因为压力大而开始下降。

4.留守儿童家庭教育缺失较为严重，学校教育独木难支

迫于生活的压力，粤北山区农村小学许多孩子的父母到一线城市打工，造成大量留守儿童依赖年迈的爷爷奶奶照顾。由于隔代教育及爷爷奶奶综合素质普遍较低，他们对孩子不是过于严厉，就是过度溺爱，甚至撒手不管，所以留守儿童家庭教育存在着各种各样的问题。孩子由于缺失科学正确的家庭教育指引，出现各种各样的性格障碍、心理问题和行为偏差。学校教育因为得不到家庭教育的有力支持，面对问题家庭造成的问题儿童常常感到束手无策，陷入了独木难支的困境。

造成家校共育效率低下的原因主要有以下几个方面：

①家庭与学校教育指导思想存在显著差异。

②教师与家长对孩子的教育具有一定的责任心和义务感，但是双方缺乏理解、信任和寻找配合教育的主动性。

③家长的教育能力普遍不强，教育方式不科学，急需加强对家长的指导、培训，提高家长的教育水平。

④家校共育的具体操作逐步规范，但实效性低，存在着许多有待完善的地方，如联系方式不当、联系频率不高、联系面狭窄、联系内容偏且部分对立、联系制度和组织名不副实。

⑤家庭经济条件较落后，留守儿童较多，隔代教育的问题较为普遍。

（二）开发出粤北山区农村小学家校共育的课程及辅助资源

1.制定家校共育课程实施要求

为深入贯彻落实《中共中央国务院关于进一步加强和改进未成年人思想道德建设的若干意见》，依据《中华人民共和国未成年人保护法》《全国家庭教育指导大纲》《教育部关于加强家庭教育工作的指导意见》，依据教育起始于家庭、形成于学校、完成于社会的终身教育走向规律，结合粤北山区农村家庭教育经验，在学校通过“家长学校”这一平台开设家校共育课程，对有6～12岁孩子的家长实施较为科学系统的教育，构建家庭、学校、社会一体化教育体系，促进亲子共同成长，营造和谐的家庭生活环境，逐步实现全社会的和谐发展。

家校共育课程实施要求从课程性质与地位、课程基本理念、课程设计思路、课程目标、课程内容、实施建议等方面进行了全面的论述和规定，为家校共育课程体系的建设指明方向。

2.开发家校共育课程读本

苏霍姆林斯基指出，不关心家长的教育修养，任何教学和教育任务都不可能解决。潜移默化、耳濡目染是家庭教育最大的特点。仅仅向家长讲授家庭教育的方法，并没有抓住问题的实质，更重要的是指导家长学习并掌握家教理论，努力提高家长自身素质。

课题组在广泛参考各种家庭教育理论的基础上，集思广益，博采众长，根据课程标准和本地区家校共育的实际情况分两个阶段精心编写了两套《粤北山区农村小学家校共育课程读本》。读本编写坚持将家庭教育的着眼点放在孩子素质的全面提高上，重点是教育孩子怎样“做人”，培养孩子的多种能力，促进孩子德、智、体、美、劳全面发展，争做品学兼优的好学生。这两套读本理论性、实用性、科学性强，能有效提高家庭教育的质量。

3.开发家校共育课程辅助资源

为了确保家校共育课程落到实处，提高授课的质量，课题组成员认真组织授课老师进行集体备课。在集体备课的过程中，授课老师认真读懂悟透课标的理念和精神，深入钻研读本，准确把握读本的重点、难点，确定合理的教学目标，同时根据家长的实际情况选择合适的教学方法，在充分讨论、集思广益的基础上，编写出详细的教学方案。

另外为了增强授课的直观性和趣味性，授课老师还精心地制作教学课件。课件除了展示读本内容外，还补充了大量的真实育人案例、图片、音频和视频资料，从而激发家长的学习兴趣。

（三）探索出粤北山区农村小学家校共育课程的实施策略

1.确立家校共育理念，构建家校共育共同体

（1）开齐、开足“家长学校”课程，提高家庭教育水平

学校开办“家长学校”，针对家长在家庭教育中出现的实际问题，通过专题讲座、家校联谊、沙龙活动和家长开放日等活动，向家长讲解一些基本的教育科学知识、少年儿童生理发育和心理发展的特点和规律，指导家长认真学习家庭教育的原则和方法，掌握家庭教育的艺术。重点是指导家长掌握示范教育和养成教育的原则和方法，要求家长言行一致，凡是要求孩子做到的，家长要首先做到，积极为孩子树立榜样。

父母的一言一行都会对孩子产生深远的影响。学校应该让家长认识到，孩子的言行，很大程度上受父母言行的影响。因此，学校可从以下几个方面指导家长提高自身的修养：一是提高家长的道德修养。“以德育德”是道

德教育的基本途径，即以家长的“德”育孩子的“德”。因此，在家长的修养中，道德修养居于首位。二是提升家长的文化修养与创建学习型家庭。文化修养主要包括三个方面的内容——文化知识修养、审美修养、文化修养能力。三是更新家庭教育观念，实践成功的家庭教育。四是为了孩子的健康发展，自觉完善自身的个性修养。

通过举办“家长学校”，全方位对家长进行教育，促进家校共育质量的提高。

（2）坚持家校共建原则，形成良好合作伙伴关系

学校与家庭的关系应该是鱼水交融，琴瑟和鸣。只有家校结成合作共同体，才能真正教育好孩子，使其成人成才。因此，在家校共建方面要坚持以下四个原则，才能建立良好合作伙伴关系。

一是坚持坦诚沟通。沟通是化解人际矛盾最好的润滑剂。许多误会和矛盾都是由双方沟通交流不顺畅造成的。矛盾就好像滚雪球，如果不能在未形成威胁前及时化解，就会越积越大，滚成一个大雪球，最后甚至还会引发雪崩。因此，老师与家长之间一定要保持坦诚的沟通交流，让各种误会和矛盾化解于微时。正如古语云：“上医治未病，中医治欲病，下医治已病。”千万不要等到已经“病入膏肓”才寻求沟通，这时往往为时已晚。

老师在与家长交流的时候一定要秉持平等交流的态度，千万不能有高高在上的优越感。有些老师在向家长反映孩子的缺点时，往往采用居高临下、盛气凌人的语气，把孩子犯错误的责任全部抛给家长，结果导致家长感到十分委屈，积聚了满肚子的怨气。有些老师动不动就把家长“请”到学校，当着其他老师和孩子的面劈头盖脸就是一顿“炮轰”，结果往往弄得家长无地自容。因此，老师在与家长沟通时一定要抱着坦诚的态度，采用商量式、研究式、探讨式的口吻，用百分之百的诚意打动家长，才会使沟通变得顺畅。

二是坚持真诚合作。老师与家长应该建立真诚合作的关系，彼此之间应该互相补台，做对方的支柱，而不是互相拆台，挖对方的墙角。因为，双

方都是为了一个共同的目标——孩子的健康成长走到一起的。但在实际教学中，家长与老师唱对台戏的现象并不少见。如有些学生沉迷于游戏，老师要求家长严格控制，但有些家长却经不住孩子的软磨硬缠，对其睁一只眼闭一只眼，结果导致教育效果大打折扣；有些学生经常违反纪律，屡教不改，老师要求家长大力配合，但家长却以自己不会教、无能力等理由推卸责任，结果导致学生更加肆无忌惮。

其实，这是双方缺乏真诚合作的意愿造成的。老师一定要保持耐心，在与家长沟通的时候，不妨开诚布公地给家长上一节课，提高家长的合作意识。正所谓“精诚所至，金石为开”，只要动之以情，晓之以理，家长通常是非常愿意与老师合作的。

三是坚持相互尊重。尊重是建立良好人际关系的前提条件。良好的家校关系一定是建立在相互尊重的基础上的。没有尊重的师家关系就如同没有打好基础的大厦，早晚是会坍塌的。如有些老师对于一些思想纪律差、学习成绩差的学生往往采取较为严厉的批评教育和严格的管理措施，但有些家长却听信孩子的片面之词，认为老师过于苛刻，不尊重孩子，损伤了孩子的自尊心，因此，经常与老师唱反调、对着干，甚至投诉到学校或教育部门。

其实，这是因为教师与家长之间失去了原有的尊重，结果导致了激烈的矛盾与冲突。如果教师在处理问题学生时，能提前与家长进行积极的沟通，充分尊重家长的意见，这样的矛盾与冲突是完全可以避免的。

四是坚持彼此信任。教师作为肩负传道、授业、解惑重任的专业人士，大都训练有素，他们不但有高尚的师德，而且有扎实的学识和较高水平的育人技巧，在教书育人方面应该是值得家长信赖的。父母作为孩子的第一任老师，他们对子女的关心度与期望值是毋庸置疑的。师家之间有着共同追求的目标，因此，彼此之间应该结成互相信任、共同合作的伙伴关系，这样才能真正形成教育的合力，但现实的状况却不容乐观。如有些成绩较差的学生的家长会单方面认为教师只重视成绩好的学生而冷落自己的孩子，不能做到公平、公正、一视同仁，因此对老师的种种教育行为提出质疑。

如果家长对老师缺乏信任感，他们就不会与老师真心实意地合作，反而会想方设法抓老师的“小辫子”，吹毛求疵，鸡蛋里挑骨头。因此，取得家长的信任应该是为师者的首要任务。

坦诚沟通、真诚合作、相互尊重和彼此信任是建立和谐家校关系的重要抓手。只要双方放下分歧，求同存异，就一定能形成家校共育的良好局面。

2.强化家校共育队伍建设，壮大家校共育力量

（1）成立家长委员会，让家长全方位参与学校的管理

在加强学校与家庭联系的过程中，学校可以充分调动家长的积极性，引导家长参与学校管理，建立学校、年级、班级等不同级别和规模的家长委员会。这一组织不仅为家长们向学校提出建议和意见提供了良好渠道，而且越来越成为家长们直接参与学校管理和家庭教育的重要组织形式。如让家长参与学校或班级德育管理、课堂教学、健康促进、体艺特色和文化建设等事项；让家长委员会成员有计划地轮流进驻学校，直接参与学生教育和管理。另外，家长通过家长委员会参与学校教育，在一定程度上还为学校带来了许多方面的教育资源，如增加了一些校外教育基地，在家长中出现了许多校外教育辅导员、关心下一代工作委员会成员、家长学校的兼职班主任等。

（2）加强班主任队伍建设，提高班主任家校共育的意识和能力

班主任是家校共育工作的衔接点和生力军。落实班主任培训工作，提高班主任的执行力和沟通力，为家庭教育工作的开展提供有力保障。

班主任培训坚持“请进来”“走出去”的方略，采取集中授课、自学与参观的模式，邀请家庭教育专家到学校对班主任进行家校共育相关知识的培训；组织班主任外出观摩、学习家庭教育知识；购买相关家庭教育书籍并组织班主任开展读书活动，全方位提高班主任家校共育的意识和技巧。

3.搭建家校共育平台，拓宽家校共育渠道

（1）搭建家长讲学平台

家长们来自各行各业，从事不同的工作，他们经历的大千世界，能将孩子们引向更加宽广的知识领域。因此，学校可邀请优秀的家长来学校对孩子们进行讲学。家长们可结合自己的生活、工作，向孩子们讲述书本上学不到的知识。

如邀请当交警的家长到学校给孩子们讲解交通法规，邀请当篮球教练的家长到学校给孩子们现场讲授篮球技巧，邀请当医生的家长到学校给孩子们传授卫生知识，等等。充分利用家长的资源，可有效弥补学校教育的不足。

（2）搭建亲子交流平台

亲子交流是形成良好亲子关系的重要途径。但有些家长总是以忙为借口，缺席与孩子之间的亲子交流，结果导致亲子关系生疏，这不利于家庭教育的有效开展。因此，学校可组织多种形式的亲子活动，创设家长与孩子沟通的平台，增进家长与孩子的情感交流，助其建设和谐、融洽的亲子关系。

如学校开展“亲子共读一本书”活动，让家长和孩子共同阅读一本书，然后互相交流各自的心得体会。通过亲子阅读，家长既可以找到情感交流的切入点，又可以趁机给孩子正确的指引。可组织亲子文体活动，学校利用书画比赛、文艺会演和体育运动会的机会，发动家长参与孩子的文体活动，与孩子一起写写画画、唱唱跳跳，从而增进亲子感情。另外还可以举办亲子升旗、亲子表彰、亲子志愿服务、亲子课堂等活动，搭建亲子交流的平台。

（3）搭建家校沟通平台

搭建家校沟通平台是开创家校共育良好局面的重要前提。如果双方沟通渠道不畅顺，交流内容不深入，容易导致家校之间产生误会、矛盾和纠纷，彼此之间形成交流的屏障，不利于双方的合作共育。

在加强学校与家庭联系方面，可采用班主任家访的方式，建立“班主任

家访制度”，规定班主任家访的次数、频率、内容、记录。班主任家访，既增进了双方的了解，又适时对家庭教育做出了科学指导，使家校共育资源得到一定程度的开发。可制作家校联系手册，每天记录孩子的思想、学习、生活动态，每周让家长了解孩子在校情况，同时反馈在家状况，使双方都能及时了解孩子在校、在家的表现，便于形成合力，达成共识。充分利用互联网平台快速、便捷的特点，开通学校公众号、创建班级微信群，使家校双方及时掌握孩子的第一手信息。

（四）明显提高了家校共育水平及学生综合素质

1.家校关系明显改善，形成良好的合作共育局面

自开展课题研究以来，教师与家长合作意识明显提高，合作互动行为明显增加。他们普遍认同双方坐在同一条船上，只有彼此统一认识，统一思想，统一行动，统一用力，形成合力，才能更好地促进孩子健康成长。因此，他们之间互相抱怨、互相指责、互相推卸责任等引导家校矛盾的言行明显减少，而愿意敞开心扉、宽容对方、接纳对方、进行真诚深度合作的行为明显增多。老师与家长通过电话、微信、面谈等交流手段，互相交流孩子在校、在家的表现，探讨交流教育孩子的方式，教师与家长的关系明显变得更和谐、融洽。

家长更愿意配合学校的工作，更积极地参与学校的各项内部管理。家委会作为家校沟通的桥梁作用明显增强，家长自觉配合学校对学生开展品德、安全、劳动、体育、艺术等各种教育活动，自觉参与学校组织的各项亲子活动及大型文体赛事。家校共育课程开发的实验研究，有效地开创了家校共育的良好局面。

实验数据　家校关系实验前后数据对比

（调查学校：山塘镇中心小学、太平镇集华小学、石潭镇第二小学。

调查人数：教师82人；家长489人）

调查项目		合作意识	合作行为	家校矛盾
实验前	教师人数	72	76	5
	教师人数占比	87.80%	92.68%	6.10%
	家长人数	305	345	38
	家长人数占比	62.37%	70.55%	7.77%
中期实验后	教师人数	78	79	3
	教师人数占比	95.12%	96.34%	3.66%
	家长人数	389	407	21
	家长人数占比	79.55%	83.23%	4.29%

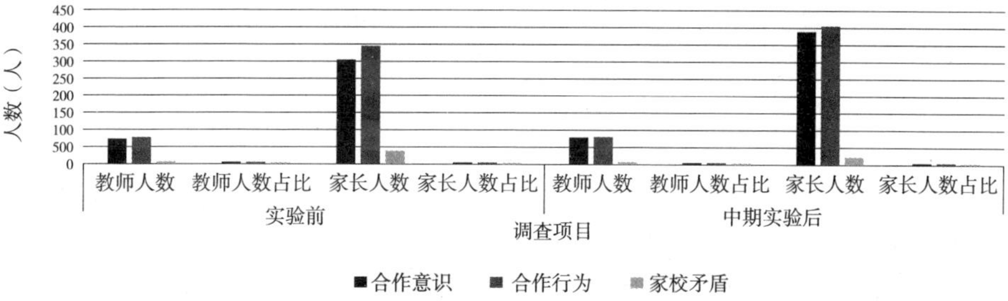

家校关系实验前后数据对比图

2.家教水平明显提高，亲子关系明显改善

自开展课题实验研究以来，家长自身的道德修养、文化水平及育人观念明显提高。家长在孩子面前更加注重言传身教，自觉规范自己的一言一行，自觉做孩子的榜样。家长对孩子的成才观念有较大的转变，不再把分数高低当作衡量孩子好坏的唯一标准，而是更加注重孩子的道德品质和身心健康。家长教育子女的方式更加科学，家长不再信奉“棍棒底下出好人”，不再对孩子过分溺爱，不再急于求成，拔苗助长。他们在教育孩子的时候更注重循

循善诱，动之以情，晓之以理，彻底放弃了过去简单粗暴的教育方式，同时，更注重陪伴的作用，愿意抽出更多的时间进行多种形式的亲子活动，亲子关系明显改善。

实验数据：家教水平及亲子关系实验前后数据对比

（调查学校：山塘镇中心小学、太平镇集华小学、石潭镇第二小学。

调查人数：学生489人；家长373人）

调查项目		家长道德修养	家长育人观念	家长教育方式	亲子关系
实验前	家长人数	265	257	284	252
	家长人数占比	71.05%	68.90%	76.14%	67.56%
	学生人数	280	307	324	335
	学生人数占比	57.26%	62.78%	66.26%	68.51%
中期实验后	家长人数	278	265	293	278
	家长人数占比	74.53%	71.05%	78.55%	74.53%
	学生人数	295	326	357	364
	学生人数占比	60.33%	66.67%	73.01%	74.44%

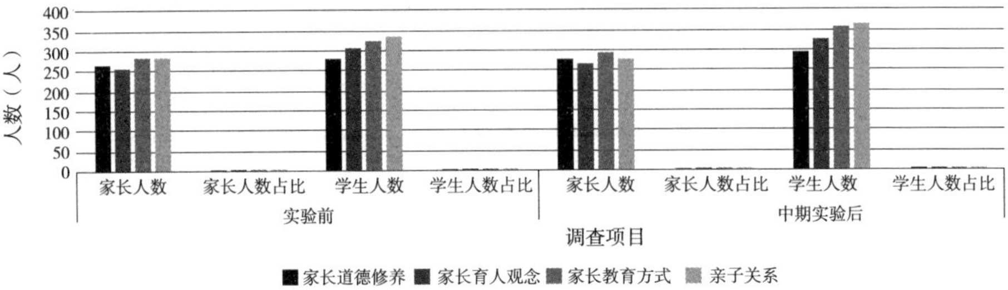

家教水平及亲子关系实验前后数据对比图

3.学生综合素质明显提高，呈现出可喜的变化

通过实验班开展相关试验活动，两个实验班学生的综合素质明显提高。学生在德、智、体、美、劳五方面全面发展，五育并举取得了较好的效果。德育方面，学生的爱国精神、思想品德等有了明显提高，礼仪习惯、心理健康等有了明显改善；智育方面，学生的学习兴趣、学习态度、学习习惯和学习能力等明显进步；体育方面，学生的健康知识明显提高、健康机能和健康

体质等明显改善；美育方面，学生的鉴赏美和创造美的能力明显提升；劳育方面，学生的劳动观念、劳动能力和劳动精神明显得到提高。

实验班：一（1）班学生综合素质实验前后数据对比

（实验学校：清新区山塘镇中心小学。学生人数：42人）

调查项目		德				智				体			美		劳		
		爱国精神	礼仪习惯	思想品德	心理健康	学习兴趣	学习态度	学习习惯	学习能力	健康知识	健康机能	健康体质	鉴赏美	创造美	劳动观念	劳动能力	劳动精神
实验前	人数	7	25	32	31	23	28	18	20	11	30	35	9	10	12	14	8
	占比	17%	60%	76%	74%	55%	67%	43%	48%	26%	71%	83%	21%	24%	29%	33%	19%
中期实验后	人数	17	30	35	35	29	32	28	27	24	32	37	17	24	26	27	19
	占比	40%	71%	83%	83%	69%	76%	67%	64%	57%	76%	88%	40%	57%	62%	64%	45%

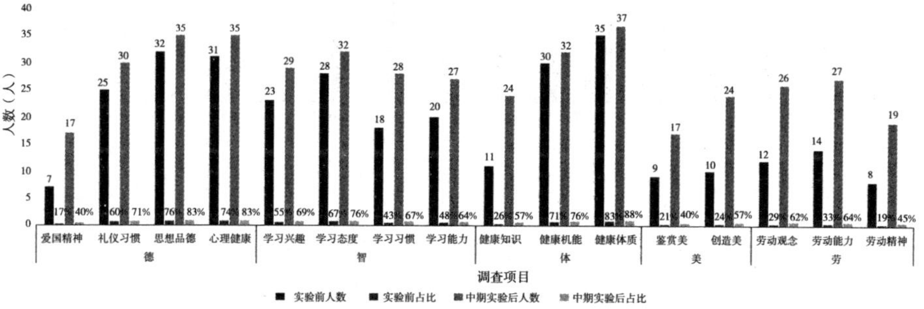

一（1）班学生综合素质实验前后数据对比图

实验班：三（1）班学生综合素质实验前后数据对比

（实验学校：清新区山塘镇中心小学。学生人数：43人）

调查项目		德				智				体			美		劳		
		爱国精神	礼仪习惯	思想品德	心理健康	学习兴趣	学习态度	学习习惯	学习能力	健康知识	健康机能	健康体质	鉴赏美	创造美	劳动观念	劳动能力	劳动精神
实验前	人数	8	27	30	35	25	25	15	25	15	30	30	12	10	12	16	10
	占比	19%	63%	70%	81%	58%	58%	35%	58%	35%	70%	70%	28%	23%	28%	37%	23%
中期实验后	人数	20	35	35	40	30	34	28	30	24	36	37	20	24	26	30	19
	占比	47%	81%	81%	93%	70%	79%	65%	70%	56%	84%	86%	47%	56%	60%	70%	44%

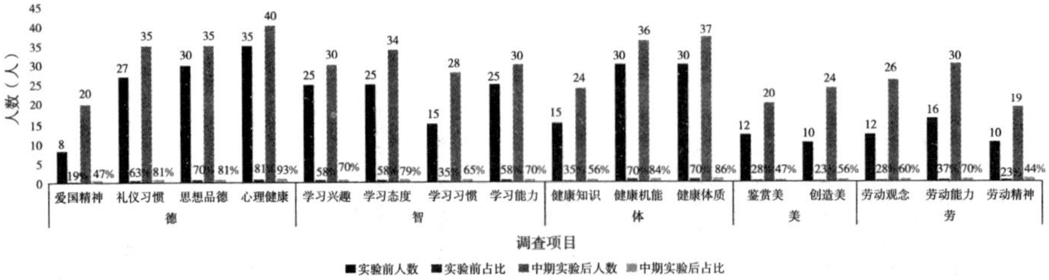

三（1）班学生综合素质实验前后数据对比图